Andreas Heusler

Beitrag zum Consonantismus der Mundart von Baselstadt

Andreas Heusler

Beitrag zum Consonantismus der Mundart von Baselstadt

ISBN/EAN: 9783744627238

Hergestellt in Europa, USA, Kanada, Australien, Japan

Cover: Foto ©ninafisch / pixelio.de

Weitere Bücher finden Sie auf **www.hansebooks.com**

Mit Bewilligung der philosophischen Fakultät wird der Abschnitt über die Gutturallaute, welcher im Anschluss an die vorliegenden Kapitel mit eingereicht wurde, erst im Zusammenhange der Gesamtdarstellung des Consonantismus im Druck erscheinen.

G. Otto's Hofbuchdruckerei, Darmstadt.

MEINEM LIEBEN VATER

Dr. ANDREAS HEUSLER

ZU SEINEM

25 JÄHRIGEN PROFESSORENJUBILÄUM

DARGEBRACHT.

VORWORT.

Wenn irgend eine Stadtmundart der deutschen Schweiz dem Verdachte ausgesetzt ist, dass ihre Entwicklung durch fremde Einflüsse gekreuzt worden sei, so ist es die von Basel. Die Einwirkung des Schriftdeutschen, welche auf schweizerischem Boden ja in engere Schranken gebannt ist als anderswo, scheint für Basel doppelt bedrohlich, da sie sich mit der unmittelbaren Nachbarschaft des deutschen Gebietes verbindet. Allein diese beiden Umstände gehen nicht Hand in Hand. Im Verkehre mit dem angrenzenden Baden und Elsass herrscht von beiden Seiten durchaus die Mundart. Wie viel auch dieser Verkehr seit Alters in das Werden unsers Stadtidioms mag eingegriffen haben: Einflüsse von dieser Art sind untrennbar vom sprachlichen Leben überhaupt; was unter Einflüssen von dieser Art sich herangebildet hat, ist nicht minder naturwüchsige Volksmundart als die Sprache eines eingeengten Alpentales. — Wenn die Mundart von Baselstadt, obwohl ihrem ganzen Habitus nach ein Glied des niederalemanischen Sprachgebietes, in einigen Eigentümlichkeiten mit den nahe angrenzenden hochalemanischen Dialekten zusammengeht, so mag man sie immerhin einen Übergangsdialekt heissen: nur verbinde man damit nicht die Vorstellung, als ob die einzelnen Laute und Lautgruppen eine uneinheitliche Entwicklung erfahren hätten und zwischen den Gegensätzen vom Norden und Süden hin und widerschwankten. Die Mundart von Basel hat ihren völlig ausgeprägten einheitlichen Charakter.

Vom Einfluss der deutschen Schriftsprache, der in Wortschatz und Syntax stark sich geltend macht, wird das lautliche Gebiet direkt nicht berührt; vielmehr entfaltet sich beim Sprechen des 'Hoch- oder Gutdeutschen' rege Umsetzung der fremden Laute in die nächstentsprechenden der Mundart, sodass jene es sind, welche Unbill erleiden, nicht diese. Wenn in mundartlicher Rede bisweilen *Wolke* für das heimische *Wulke*, *Kenig* für *Kinig* ('König'), *Hirsch* für *Hirz*, *Obscht* für *Obs* ('Obst') gesprochen wird, so ist dieser Vorgang prinzipiell nicht als Beeinflussung des Lautmaterials anzuerkennen: nicht das *u*, das *z* der Mundart wird zu *o*, zu *sch*, sondern die fremden Wörter mit *o*, mit *sch* werden herübergeholt — wo es nötig ist, mit Ersetzung der nicht geläufigen Laute — und verdrängen die einheimischen Wörter mit *u* und *z*.

Nun gilt es allerdings die Betrachtung der mundartlichen Lautgesetze nicht auf derartige Eindringlinge zu begründen. In den meisten Fällen lässt dem Angehörigen der Mundart ein gewisser Instinkt keinen Zweifel übrig, in welcher der beiden Formen er die echt mundartliche zu erblicken hat. Mitunter kann nur der Sprachgebrauch der älteren Generationen, welcher sich freier von jenen Freundlingen erhalten hat, die Entscheidung geben. Auch die vergleichende Zuziehung des gemeinschweizerischen Wortvorrates ist nicht selten zur Beglaubigung einer mundartlichen Form von Nutzen, ohne dass man sich doch von jenem die Grenze des Eigenen zu eng oder zu weit dürfte ziehen lassen.

In den vorliegenden Lautuntersuchungen haben wir also nur im Hinblik auf Zuverlässigkeit des Wortmateriales mit dem Einfluss der Schriftsprache zu rechnen.

Für die consonantischen Erscheinungen, welche ich im ersten Kapitel bespreche, empfahl sich die Loslösung von der einzellautlichen Reihenfolge. Dass ich als weitern Abschnitt die Quantitätsgesetze habe folgen lassen, wird sich rechtfertigen durch die gegenseitige Abhängigkeit, welche wir zumal in unsern dehnenden Mundarten zwischen der Consonantenstärke und der Vocal- und Silbenlänge herrschen sehen.

Bei dem Streben, die Verhältnisse der lebenden Mundart an die ältern Sprachperioden anzuknüpfen, war die Benutzung der Urkunden, Rechtsquellen, sodann der alten Drucke und handschriftlichen Denkmäler, die sich für Basel so reichlich vorfinden, geboten. Den Herren Staatsarchivar Dr. Rudolf Wackernagel und Oberbibliothekar Dr. Ludwig Sieber, welche mir ungedrucktes Material gütig zur Verfügung stellten, spreche ich an dieser Stelle aufrichtigen Dank aus.

Es wird ja freilich bei einer mundartlichen Darstellung, je mehr sie die rein lautliche Seite ins Auge fasst, die Zuziehung älterer Sprachquellen gar oft von zweifelhaftem Werte sein. In der Regel erklärt man aus dem lebenden Dialekt die Sprache oder Schreibweise eines alten Denkmals, während doch das Umgekehrte bezweckt wird. Besonders gilt dies für die Schriftstücke, in welchen sich schon Gemeinsprache mit Dialekt mischt: sie sind der äussern Sprachgeschichte weit wertvollere Documente als der Lautforschung. Ich bin daher mit der Anbringung des gesammelten Materiales sparsam gewesen, sodass das Verwertete der darauf verwandten Mühe und vielleicht auch den Anforderungen Anderer nicht entspricht.

Johann Jacob Sprengs Idioticon Rauracum gilt für die Lautgeschichte nicht als historische Quelle, indem es, soviel seine Schreibung schliessen lässt, den gleichen Lautstand bietet wie die Mundart von heute. Wertvoll ist es durch seinen reichen von der Schriftsprache noch weniger durchtränkten Wortschatz. — Als Materialsammlung aus dem heutigen Dialekt thut das Wörterbuch von Seiler gute Dienste; doch bedarf es hier sorgfältiger Scheidung zwischen Stadt- und Landwörtern.

Warmen Dank schulde ich Herrn Professor Winteler in Aarau für seine bereitwillige briefliche und mündliche Aufklärung über etliche Punkte seiner Mundart.

Basel, Januar 1888. **Andreas Heusler.**

VERZEICHNIS DER DUNKLERN ABKÜRZUNGEN.

Alem. (als Citat) — Birlingers Alemannia.
Andr. Ryff — Selbstbiographie des Andreas Ryff, 1592 verfasst, und Briefe von demselben aus dem Jahr 1594, herausg. durch W. Vischer in den Beitr. zur vaterländischen Geschichte herausg. von der histor. Gesellschaft in Basel, Bd. 9 (1870) S. 87 ff.
Bld. — Der Canton Baselland und seine Mundart.
Brandstetter — Die Zischlaute der Mundart von Bero-Münster von Renward Brandstetter, im Geschichtsfreund Bd. XXXVIII 1883.
Bst. — Baselstadt und seine Mundart.
FP. — Eine Sammlung von Gedichten verschiedener genannter und ungenannter Verfasser, zusammengestellt von Dr. Felix Plater um das Ende des 16. Jahrh. 1 Bd. fol. Ms. sub A. G. V. 30. auf der Universitätsbibliothek Basel.
Franz — Die lat.-roman. Elemente im Ahd. von W. Franz. Strassburg 1884.
Hunziker — Aargauer Wörterbuch in der Lautform der Leerauer Mundart von J. Hunziker. Aarau 1877.
Id. — Schweizerisches Idiotikon, bearbeitet von F. Staub u. L. Tobler I. Frauenfeld 1881.
JM. — Das Idiom von Bero-Münster (Canton Luzern) vgl. Brandstetter.
K. — Die Mundart von Kerenzen (Canton Glarus) vgl. Winteler.
L. — Die Mundart von Leerau (Canton Aargau) vgl. Hunziker.
Ma., Mss. — Mundart, Mundarten.
P. G. — Pamphilus Gengenbach, herausgegeben von Karl Goedeke. Hanover MDCCCLVI.
R. q. — in Basler Rechtsquellen belegt; sie sind herausgegeben u. d. T. Rechtsquellen von Basel Stadt und Land. Erster Teil. Basel 1856.
S. — Die Mundart der Stadt Schaffhausen vgl. Stickelberger.
Seiler — Die Basler Mundart. Ein grammatisch-lexikalischer Beitrag zum schweizerdeutschen Idiotikon, zugleich ein Wörterbuch für Schule und Haus von G. A. Seiler. Basel 1879.

Spreng — 'Idioticon Rauracum oder Basel. Wörterbuch' von Johann Jacob Spreng, verfasst um 1760, 1 Bd. fol. Ms. sub A. A. I 3 auf der Universitätsbibliothek Basel. (Das Nähere darüber siehe bei Socin, Alemannia XV [1887] S. 185 ff.)

St. — Versuch eines schweizerischen Idiotikon von Franz Joseph Stalder, 2 Bde. Aarau 1812.

Stickelberger — Lautlehre der lebenden Mundart der Stadt Schaffhausen von Heinrich Stickelberger. Teil I (Leipziger Diss.). Aarau 1881.

T — Die Mundart von Toggenburg (Canton St. Gallen) nach Winteler KM.

urk. — in Basler Urkunden belegt; es wurden benutzt: ungedruckte Originalien und Abschriften auf dem Staatsarchiv Basel; gedruckt in W. Arnold, zur Geschichte des Eigentums in den deutschen Städten, mit Urkunden. Basel 1861.

Winteler (KM.) — Die Kerenzer Mundart des Kantons Glarus in ihren Grundzügen dargestellt von J. Winteler. Leipzig und Heidelberg 1876.

ÜBERSICHT DER LAUTZEICHEN.

Consonanten.

1. Verschlusslaute: Lenes *b d g* ⎫
    (hauchlose) Fortes *p t k* ⎬ Stimmlos
    Aspiratae *p' t' k'* ⎭
2. Reibelaute: Lenes *f s š r* ⎫
    Fortes *ff ss šš χ* ⎭
3. Sonore Consonanten ohne Eigengeräusch:
    Lenes *m n ṅ* ⎫
    Fortes *mm nn ṅṅ* ⎬ (nasale Verschluss-
    Sonantisch *ṃ ṇ [ṇ̇]* ⎭ laute).
    Lenes *l; w j* ⎫
    Fortis *ll* ⎬ (reducierte Reibelaute) ⎬ Stimmhaft
    Sonantisch *ḷ* ⎭
    (vgl. dazu die §§ 10, 27).

Vocale:

1. einfache *ū ụ, ū̦ u̦, ọ̄ [o], ō̦ o̦, ā a, ẹ̄ ẹ, ē e ē̦ [e̦], ī ị, ī̦ i̦; ə*.
2. Diphthonge *ai, ẹi; ẹu; i̦ə, i̦o*.
3. Stimmloser Vocal *h*.

   (Der untergesetzte Punkt bedeutet geschlossene, der untergesetzte Haken offene Aussprache des Vocals; das unbezeichnete *e* ist eine mittlere Schattierung zwischen *ẹ* und *ẹ̦*; Strich über dem Vocalzeichen bedeutet Länge.)

   Die eingeklammerten Laute kommen nur im Satzzusammenhang vor.

KAPITEL I.

LENIS UND FORTIS.

§ 1. Die Erscheinungen, welche für den Consonantismus der obern alem. Mundarten wesentlich sind: Das Fehlen stimmhafter Verschluss- und Reibelaute, das Vorhandensein stimmhafter Consonanten ohne Eigengeräusch und das Wesen von Lenis und Fortis sind durch Winteler K. M. S. 18 f. klar gestellt worden. Die physiologischen Grundlagen, auf welchen sein Dialekt sich aufbaut, gelten in der Hauptsache auch für Bst. Doch hat sich hier vielfach Abweichendes herausgebildet. Betrachten wir zunächst die Abstufungen der Stärke, das Verhältnis von Lenis und Fortis.

Vorausgeschickt sei die Bemerkung, dass die übliche Teilung in (Wort- oder Silben-) An-, In- und Auslaut im Folgenden nicht am Platze ist, dass wir vielmehr unterscheiden müssen 1. die Stellung unmittelbar **vor** einem starktonigen Sonanten d. h. durch keinen Sonanten von ihm getrennt; 2. die Stellung unmittelbar **nach** einem solchen; 3. die um mindestens eine Silbe von dem starktonigen Sonanten abliegende Stellung. Dabei braucht der Starkton nicht ein Wort- oder Satzaccent ersten Grades zu sein. Wenn Kürze halber hiefür die geläufigen Namen anlautend, inlautend und schwachtonig gebraucht werden, so sind sie stets in dem hier bezeichneten Sinne zu fassen. Wir berücksichtigen vorerst, wenn nicht ausdrücklich das Gegenteil angegeben ist, bloss die etymologisch einfachen Laute, nicht die als Sandhiprodukt entstandenen.

§ 2. Die Abstufung von Lenis und Fortis beschränkt sich bei den Sonor- und Reibelauten auf den Inlaut: im Anlaut herrscht ausschliesslich die Lenis. Dies hat Bst. mit den schweizerischen Mundarten im eigentlichen Sinne, als deren Vertreter wir K nehmen, gemein. Bei den Verschlusslauten dagegen kennt K anlautend wie inlautend Lenes und Fortes in gegensätzlicher Verwendung.

Darin liegt zum Teil eine Abweichung von dem Lautstande, wie er nach Vollziehung der zweiten Lautverschiebung vorlag. Inlautend standen schon damals die gedehnten *pp*, *tt*, *kk* und das aus germ. *đ*, *d* verschobene *t* als Fortes den Lenes *b*, *d*, *g* gegenüber. Anlautend aber war dem Alem. in seinen Erbwörtern nur eine uncomponierte Fortis, die dentale, geblieben. (Über die Schreibungen *p*, *k* in obd. Denkmälern s. Paul, Beitr. 7, 126, Braune, ahd. Gramm. § 88 Anm. 2.)

Die Lehnwörter, welche in dem ersten Zeitraume nach der Verschiebung aufgenommen wurden, substituierten der romanischen anl. Tenuis *p*, *c* und Media *b*, *g* unterschiedslos die heimische Lenis *b*, *g* (Franz, S. 13 f., Braune, ahd. Gramm. § 133 Anmerk. 3; Franz will S. 30 die Verschiebung von *c* durch *g* als Ausnahme betrachten; aber wir haben keinen Grund, für *c* eine andere Behandlung als für *p* anzunehmen: wir werden das *k* der Lehnwörter gleich dem der Erbwörter als Schreibung für die Lenis zu nehmen haben). Wir dürfen aus diesem Zusammenfallenlassen der beiden Laute schliessen, dass dem Alem. damals das Bewegungsgefühl für die Unterscheidung labialer und gutturaler Fortis und Lenis im freien Anlaut abgieng.

Anmerkung. Dass es auch analoge Fälle einer Vermengung von anl. *d* und *t* der Fremdwörter gebe, ist von vornherein unwahrscheinlich, weil das Obd. diese Laute in den Erbwörtern unterschied. Die heutigen Mundarten versagen Auskunft darüber, weil kein alem. Dialekt mehr altes *d* und *t* im Anl. auseinanderhält. Ein Fall wie *tictōn* (Franz, S. 9) scheint mir die Substitution des *d* durch *t* nicht zu beweisen, da die Aufnahme des Wortes leicht v o r die Lautverschiebung fallen, und das *ct* einer späteren Annäherung an das rom. Wort entspringen kann.

Winteler (S. 56, 57) führt ausser den Wörtern, deren Entlehnung man in jene alte Periode setzen wird, wie *bęχχ*, *blāg, blatœ; grŭšš, gŭrbœ* (zu curvus) andere an, deren Aufnahme in weit spätere Zeit fallen muss: *brǣmį* (zu praemium), *bįœsœ* (zu pièce); *gamfęr* (zu camphora), *göllęr* (zu mhd. collier). Diese Wörter beweisen, dass auch in der spätern Zeit noch der Sprechende gern die ungewohnten *p, c* durch seine gewohnten *b, g* ersetzte.

§ 3. Daneben jedoch tritt nun eine Schicht von Lehnwörtern, welche die fremden Fortes erhalten haben (Winteler ib.): *plats, papįr; klǫkœ, kųmpęnį* u. a. (Siehe auch L. Tobler, Zs. f. vgl. Sprachf. 22, 132 f.) Es sind teils ganz junge, teils ältere Entlehnungen. Sei es, dass diese Wörter (bes. die jüngern) mündlich importiert wurden und ihre Fortis eben dem Umstand verdanken, dass sie 'von Ohr zu Ohr aus dem Welschland herkamen', indem man den gehörten Unterschied zwischen der welschen Tenuis und der heimischen Lenis in der Aussprache zu berücksichtigen sich bemühte; sei es, dass sie (besonders die ältern) aus der Schrift aufgenommen wurden, und dass die Schriftkundigen, welche die Vermittlung bildeten, den gegensätzlichen Schriftzeichen *b-p, g-c* gerecht zu werden suchten: auf jeden Fall haben wir es mit einem Eindringen von Lauten zu thun, welche in dieser Wortstellung der Sprache ursprünglich unsprechbar waren.

Anmerkung 1. Bei der Ausbildung dieses neuen Bewegungsgefühles spielten gewiss die Fortes eine Rolle, welche aus der Verschmelzung von Lenis + Vokal in éinen Laut hervorgehen mussten, wie dies in *p-, k-* aus *be-, ge-* vorliegt (KM 117).

Anmerkung 2. Wenn Notker *bīna* hat, die heutigen Mundarten aber *pī*, so liegt wohl spätere Anlehnung des einmal aufgenommenen Wortes an das rom. vor. Dies konnte leicht z. B. von Seite der Geistlichen geschehen, welche die Entlehnung vermittelten, und welchen der Zusammenhang der beiden Wörter bewusst war. In zahlreichen Fällen wird man dies annehmen müssen.

§ 4. Der genannte Vorgang war gemeinalemannisch, wurde also auch von Bst. geteilt. Die Denkm. zeigen neben den Wörtern mit *b*: *bermender* 1303 (pergamenter), *hinder der blatun* 1281, *Bratteler* 1293 (von dem n. l. Brattelen aus pratellum), die mit *p*: *probest priester, Peter, Petermann*; neben *zer gloggen* 1319, *gremper* 1328 (zu crompare, comprare): *closter, Clar, crütze*.

Anmerkung. Dagegen sind die vor Voc. erscheinenden *k* für Bst. als Aspiraten aufzufassen (s. u. § 61): *kemyn, kelner, korherre*.

Der Bestand der anl. Fortes war aber in Bst. vermehrt, indem neben den lehnwortlichen *p, k* und der Menge der ererbten oder entlehnten *t* eine weitere Fortis *k* vorhanden war, die Vertreterin von germ. *k* vor *l, r, n, w*, an deren Stelle jene hochalem. Mundarten die Reibelautlenis χ haben (vgl. u. § 61).

§ 5. Diese sämtlichen anlautenden Fortes erfuhren in Bst. Schwächung zur Lenis und fielen mit den alten anl. Lenes unterschiedslos zusammen. Die Ma. spricht also:

a) *bętər* n. pr. urk. *Peter, bar* urk. *par, bapələ* mhd. *papel, bęmmsļ* mhd. *pënsel* 'Pinsel', *brǫpšt* urk. *probest*;

glǫštər urk. *closter*, *glas* 'Talenge' mhd. *klûse, grįts* urk. *criutze, gwaχtįər* 'Quartier'.

b) *dųə, dǫ* mhd. *tuon, tân, dįχļ* 'Röhre an Wasserleitungen' mhd. *tiuchel, dǫlldər* 'Baumwipfel' mhd. *tolder, drįbļ* 'Traube' mhd. *triubel, drǫtə* 'Kelter' mhd. *trote, drųələ* 'verschütten, übergiessen' zu mhd. *trüel* 'Weinpresse', Stalder *trüelen* 'pressen, keltern'.

c) *graiļ* 'Klaue, Kralle' mhd. *kröuwel, gręšmə* 'klettern' zu mhd. *krësen* 'kriechen' s. St. 2, 129, *grǭm* 'Geschenk eines von Reise oder Einkauf Zurückkehrenden' mhd. *krâm, gręblə* 'kratzen' nach Ausweis der hochalem. Dial., welche *chr-* haben (St. 2, 123), nicht zu graben, vielleicht zu mhd. *krappeln, kribeln* (vgl. DWb. V 2067), vgl. auch mhd. *krëbekatze* mit der in Bst. häufigen Verbindung *gręblk̓ats* 'kratzlustige Katze';

glepfə 'knallen' mhd. *klepfen, glųkər* 'kleine Spielkugel' mhd. *klucker* 'globus', *glįslə* 'flüstern' bld. *chlüsle*, vielleicht zu mhd. *kliuselen* 'streicheln, hätscheln, schmeicheln' mit dem gemeinsamen Begriff des Zarten, Sanften;

gnǫdə, dem. *gnędlį* 'Knöchel' mhd. *knode, gnǫpf* 'Knopf, Knoten' mhd. *knopf, gnęi* 'Knie' mhd. *kniu*, dazu *gnęilə* 'knien' vgl. mhd. *knielen*, lautlich entspräche *kniuweln;

gw ist mir in Erbwörtern nicht bekannt.

Anmerkung. Dieser Lautwandel scheint um den Ausgang des 15. oder Anfang des 16. Jahrhunderts eingetreten zu sein. Erst nach

1500 zeigen sich in den Denkmälern Schwankungen zwischen *d* und *t*. Gleichzeitig übt aber schon die Gemeinsprache auf die Schreibung ihren Einfluss, sodass die Setzung *d* für schriftdeutsches *t* und umgekehrt nicht weitern Umfang gewinnt. Vgl. Weinhold, al. Gr. S. 142.

§ 6. Dass es nur die Fortis im Anlaut einer Starktonsilbe ist, welche der Schwächung unterliegt, zeigen besonders deutlich die Wortstämme, bei welchen verschiedene Accentstellung entsprechend verschiedene Behandlung des Lautes veranlasst hat: *depįg* 'Teppich' aber *dabētə* 'Tapete', *kepəlį* 'kl. Kapelle auf der Rheinbrücke' aber *kabęllə* ,Kapelle' schlechthin; *sųnntįg* 'Sonntag' aber *tsmįddg* 'Mittags', *špįtļ* 'Spital' aber *kįnndər-špįddl* 'Kinderspital', *sannt į̧ hanns* 'St. Johann' ein Quartier Basels, aber *tsədlallbə, tsədliənəχt, tsədmáχtį* 'zu St. Alban, zu St. Leonhard, zu St. Martin' aus *ze sant* —, urk. 1293 *zant Martins mes;*

Vgl. ferner: *kabįtļ* 'Kapitel', *ladę̄rnə* 'Laterne', *ladį̄nįš* 'lateinisch', *kadǭlįš* 'katholisch', *fladiərə* 'flattieren', das nicht mundartliche schmeicheln ersetzend, alle mit Schwächung vor der Starktonsilbe.

Bedingung für unsere Fortis ist es eben, dass sie sich an eine vorausgehende Silbe anschliesse, welche mit starker Exspiration hervorgebracht wird. Wenn nun in einigen Lehnwörtern wie *bapīr* 'Papier', *kųnntǭr* 'Comptoir', *gųkųmmərə* 'Gurke' aus it. *cocomero* Fortis vor der Haupttonsilbe gesprochen wird, so ist es der relativ kräftige Ton der vorausgehenden Silbe, welcher ihre Schwächung verhindert. Würde die erste Silbe von *bapīr* mit ebenso schwacher Betonung gesprochen werden wie die von *kabįtļ*, so müsste dort auch das *p* zu *b* herabsinken.

§ 7. Auch in den modernsten Entlehnungen aus dem Französischen ist es der Ma. nicht möglich, dessen anlautende Fortes zu halten: *bariərə* 'parieren', *bállto̬* 'Paletot', *dámmbər* 'Tambour', *dǫrnįštər* 'Tornister', *gadər* 'cadre', *gúsīnə* 'Cousine', *gúsįnə* 'Cousin' (jenes allgemein, dieses nicht selten an Stelle der erbwortlichen *bęsį* 'Base', *fetər* 'Vetter'): auch wenn man letzteres Lehnwort so nahe an sein franz. Original anlehnt, dass man es mit Nasalvocal in der Endsilbe spricht, wird man doch immer im Anlaut die Lenis sprechen.

Was also einmal als historisches Gesetz in die Sprache

eingegriffen hat, ist seither ein lebendiger Faktor in ihr geblieben: die Unfähigkeit, im freien Anlaut starktoniger Silben eine Fortis zu sprechen. In Bst. hat demnach für sämtliche Cons. die Regel Statt: die Abstufung nach den beiden Stärkegraden findet sich nur im Inlaut.

Anmerkung. An der besprochenen Erscheinung nimmt ein angrenzender breiter Streifen des hochalem. Gebietes, südwärts und nordwärts des Rheines, Teil, u. a. auch die Mundarten des Kantons Baselland. — Sehr auffallend ist dagegen, dass jene zahlreicheren Schweizerdialekte, welche die anl. Fortes nicht beseitigt haben, noch einen Schritt weiter gegangen sind und die Masse der alten anlautenden d zu t verschoben, den alten Fortes t gleichgemacht haben. Sollte bei ihnen die allgemeine Sprachentwicklung auf Steigerung der Exspiration gedrungen haben? Warum sind dann aber die anl. b, g nicht gleichfalls zu p, k geworden? Und vor Allem, warum sind eine beschränkte Anzahl der d-Anlaute (Beispiele K. M. S. 64, Hunziker S. LXXIX) der Schärfung entgangen? — Diese Umstände lassen die Vermutung zu, dass auf analogischem Wege die alten d mit den t vermischt wurden. Notker hat bekanntlich das t = germ. d constant, unabhängig von seinem Anlautsgesetz, als t; das d = germ. þ wird wie b und g behandelt, fällt unter gewissen Sandhibedingungen mit jenem t zusammen. Nach diesen Fällen formte man nun die andern; z. B. *ih tuon: ih tarf* = *er tuot: er tarf* (für früheres *er darf*). Nehmen wir diese analogische Verdrängung des d an, so hat es keine Schwierigkeit mehr, dass eine Reihe von Wörtern sie nicht bei sich vollzogen haben, und dass etliche Dialekte sogar innerhalb ein und desselben Wortes Schwanken zwischen d und t kennen (Hunziker S. LXXIX).

§ 8. Wir müssen hier einen Blick werfen auf die aspirierten Verschlusslaute, welche ausser der hauchlosen Lenis im Anlaut vorkommen. Altererbt ist $\bar{k}$, die regelmässige Vertretung von germ. k anlautend vor Vocal (s. u. § 61).

$\bar{p}$ $\bar{t}$ erscheinen bloss in den Fremdwörtern jüngster Aufnahme, welche durch Vermittlung des Schriftdeutschen eindrangen, und entsprechend ein $\bar{k}$ da, wo die hochalem. Mundarten $k\chi$ sprechen (Winteler S. 57). Beispiele s. bei L. Tobler a. a. O.

Diese sämtlichen Aspiraten erscheinen nur vor Voc.: vor Cons. ersetzt sie in Bst. ungehauchte Lenis: z. B. *brǫb* 'Probe', *drǫn* 'Thron', *glass* 'Klasse'. Auch beim Schriftdeutschsprechen setzt der Basler seine b, d, g an der Stelle von p, t, k vor Cons., während er vor Voc. $\bar{p}, \bar{t}, \bar{k}$ spricht.

Die Bedingungen für die Aspiraten sind insofern gerade umgekehrt als die für die Fortes, indem jene ihre eigentliche Stelle vor der Starktonsilbe haben. So heisst es *luśpɔχƙait* mhd. *lustbarecheit*, *ʔwiƙait* mhd. *ėwicheit* u. a.; wo aber der Endung der Starkton entzogen ist, erscheint für die Aspirata *ƙ* hauchlose Fortis *k*: *graŋɔkɔd* mhd. *krancheit*, *fullkɔd* mhd. *vûlecheit*, *būχkɔd* Familienname, urk. *burchart* (vgl. u. § 58).

§ 9. Die Reihenfolge der Anlaute, welche die Lehnwörter nach der Chronologie ihrer Aufnahme aufweisen, ist also im Vergleich mit K etc. eine vereinfachte:

Vor Voc.: $pf - b - b, p$; vor Kons.: $pf - b$
$ts - d - d, t$; $- d$
$ƙ - g, ƙ$; g

Wo *b p*, *d t*, *g ƙ* neben einander stehn, handelt es sich um den Gegensatz der Entlehnung aus dem Romanischen direkt oder aus der hd. Schriftsprache.

§ 10. Die vier Reibelaute der alem. Mundarten *f s š χ* verteilen sich in Bst. folgendermassen. Im Anlaut erscheinen die drei ersten, und zwar nur als Lenes. Im Inlaut haben wir *f* und *s* in beiden Stärkegraden. *š* existiert mit wenigen Ausnahmen nur als Fortis. Das Gleiche, uneingeschränkt, gilt von *χ*: die Schwächung zur Lenis nach langem Vocal, Diphthong, *r* und *l*, wie sie K. und JM. zeigen, kennt Bst. nicht, ist also in diesem Punkt dem Ursprünglichen treuer geblieben. Doch nimmt *χ* insofern eine Ausnahmestellung unter den Fortes ein, als vor ihm allein *i û iu* sich als Längen erhalten. Als Lenis zu *χ* stellt sich im heutigen Consonantensystem von Bst. *r*, welches als weiterer stimmloser Reibelaut zu statuieren ist und zu *χ* sich verhält wie *f* zu *ff*, *s* zu *ss*. Das Zeichen *χχ* fällt also für uns weg; im Übrigen befolge ich die von Winteler aufgebrachte und zum Teil von den spätern Darstellungen alemanischer Dialekte übernommene Transscription der Consonanten; nur für die Aspiraten schreibe ich *p̓, t̓, ƙ*; sonantisches *m, n, l* gebe ich durch *ṃ, ṇ, ḷ*; die nasale oder laterale Degeneration eines Verschlusslautes, welche unter gegebenen Bedingungen stets eintritt, lasse ich unbezeichnet.

§ 11. Für die sonoren Consonanten *l, m, n, w* gilt: nach kurzem Vocal stets die Fortis, nach langem stets die Lenis. Einer etymologisch zu erwartenden Fortis nach langem Vocal hat sich die Ma. entledigt: sie spricht *mīli* 'Mündchen' mhd. *miullīn*, *štēlį* Dem. zu *štal* 'Stall', Spreng *Seili* Seilchen, *funiculus;* *hailǫs* 'heillos'; *mīm* aus *mīnem* (vgl. T *mįmm*); während *gęnnd mǝr* 'geben wir', *hęnnd mǝr* 'haben wir', *sįnnd mǝr* 'sind wir' zu *gęmmǝr, hęmmǝr, sįmmer* verschmolzen werden, heisst es zu *gēnd mǝr* 'gehn wir', *lēnd mǝr* 'lassen wir', *dįnd mǝr* 'tun wir': *gēmǝr, lēmǝr, dįǝmǝr* mit Lenis *m*. Wie bei den Stimmlosen finden wir auch hier die Fortis im Anlaut der haupttonigen Silbe reducirt: *ǝlai* 'allein', *filįχt* 'vielleicht', *kumǭd* (Hauptton auf *ǭ*) 'kommod' aber *kůmmǭdǝ* (Hauptton auf *ų*) 'Kommode'; *sįgǝlak* 'Siegellack'; auch die Verbindung *l + l* ist, wie am letztgenannten zu ersehen, der Mundart nicht geläufig. Dies spielt eine Rolle beim Antritt der Dem.-Endung *lį* an Nomina auf *l*: *fǫgl — fęgǝlį* mhd. *vogellīn*: hier tritt deutlich die vocalische Mundweitung zwischen den Verschluss von *g* und die Enge von *l*. *ļl* steht also auf einer Linie mit der Fortis *ll*. *j* und *w* endlich, stets Lenes, sind auf den Anlaut beschränkt.

§ 12. Das durchgehende Gesetz, nach welchem eine Fortis im Anlaut der haupttonigen Silbe nur insoweit geduldet wird, als ihr ein Starkton zweiten Grades vorausgeht, findet im Satzsandhi z. T. Bestätigung. — Lehnt ein auf Fortis auslautendes Wort an eine folgende Silbe sich an, sodass diese letztere den stärkeren Satzton übernimmt, so nähert sich die betr. Fortis in dem Masse der Lenis, als ihr vorausgehender Sonant Tonschwächung erleidet. Verbindungen wie *het ęu* 'hat auch', *bįšš állǝwįl* 'bist alleweil', *špann a* 'spanne an' mit dem Hauptton auf der zweiten Silbe schwächen das *t, šš, nn* zur völligen Lenis *d, š, n*, wenn die erste Silbe jeden Nachdruck verliert. Eine Fortis dagegen, welche aus der Verschmelzung zweier Laute im Satzgefüge entsteht, sinkt nie zur Lenis herab: *blipīmǝr* 'bleib bei mir', *hetįǝnkt* 'hat gedacht', *annįt* 'an Nichts' behalten stets die Fortisarticulation; gleichzeitig aber bleibt der vorangehenden Silbe ein etwas stärkerer Nachdruck gewahrt: derselbe ermöglicht

die folgende Fortis und wird von dieser wiederum erfordert:
die beiden Umstände stehen in Wechselwirkung. Wenn nun
eine aus zwei Lauten zusammengeschmolzene Fortis, wie das
ss aus dem *s* des neutr. Artikels + folgendem *s*-Anlaut
(z. B. *ssǫffi* '(die) Sophie'), in den absoluten Anlaut tritt, so
entsteht ein äusserer Widerspruch gegen jenes Gesetz, welches Fortis im freien Anlauf ausschliesst: es liegen hier eben
für das Sprachgefühl zwei Laute vor, welche nur in jedem
einzelnen Falle aufs Neue zu einer fortlaufenden Articulation
zusammengedrängt sind.

§ 13. Die Möglichkeiten zur Entstehung einer Fortis im
Satzsandhi sind in Bst. folgende:

1. Das Zusammentreffen homorganer homogener Consonanten (Beispiele im Obigen). Dies betrifft Verschluss-,
Reibe- und Sonorlaute.
2. Speciell Verschlussfortis entsteht ausserdem, wenn auslautender dentaler Clusillaut mit anlautendem labialem
oder gutturalem zusammenstösst: *si hęnnd baxɔ* 'sie
haben gebacken' > *si hęmmpaxɔ*; *wil gęrn* 'willst gern'
> *wikęrn* u. s. f. Dazu die verkürzbaren Formen des
bestimmten Artikels, welche mit dem folgenden Verschlusslaut verschmelzen: *pęxk* 'die Berge', *teki* 'die Decke',
kass 'die Gasse'. — Ebenso entsteht die Fortis *mm* aus
n + m.

§ 14. Dieser syncopierte Artikel erscheint aber, auch
wo er nicht verschmilzt, als Fortis: *tkugɔ* 'die Augen', *tlukɔ*
'die Lücke', *pmaitli* 'die Mädchen' u. s. f. (Dasselbe in K,
Winteler S. 136 f.). Der auf *di* sich verteilende Exspirationsstoss hat sich hier auf den Consonanten concentriert, was
dessen Verstärkung und das Verstummen des Vocals zur
Folge hatte. Die unsyncopierte Form *di* ist heute auf die
Stellung vor dem Adjectiv beschränkt, auch wenn dasselbe
absolut gebraucht ist.

Wegen des beschränkten Vorkommens jener *t* s. u. § 33.
Im Gegensatz zu K etc. (Winteler, S. 54, 136, Hunziker S.
LIX, CVIII) erzeugen die Präfixe *bi* und *gi*, ahd. *bi*, *gi*,
in Bst. nie eine Fortis. Das Verhalten der beiden ist nicht
ganz gleichmässig:

a) *bĭ* erscheint als *b* vor Vocalen, vor *h, l, r, s, š*: *bĕlǝnndǝ* v. impers. 'beelende n = schmerzen', *blamǝ* 'sich sehnen nach' mhd. *belangen, blẽg* 'Beleg', *braixǝ* 'ausreichen' mhd. *bereichen, bhalltǝ* mhd. *behalten, bsetsǝ* 'besetzen = pflastern', *bšҫuǝ* mhd. *beschouwen;*

Dagegen unsyncopiert vor *f* und den Clusilen: *bifẽlǝ* 'befehlen', *bifǫktǝ* mhd. *bevogten, bigrabǝ* 'begraben', *bikͦ* 'bekommen', *hĕr bikĕr* 'Here bekehre'! ein Ausruf etwa gleich hilf Himmel!

Vor *n, m, w* bleibt *bĭ* gleichfalls unverkürzt: doch fallen hieher lauter Lehnwörter aus der Schriftsprache, und bei solchen überwiegt überhaupt die Tendenz, die volle Form zu sprechen.

b) *gĭ* erscheint als *g* vor Voc. und vor sämtlichen Consonanten ausser den Clusilen: *gǫssǝ* 'gegessen', mhd. *gēʒʒen*, *glųštig* 'verlangend, gelüstend nach' auch 'Gelüsten erweckend' mhd. *gelustec, gnųǝg* mhd. *genuoc, grҫuǝ* 'gereut' mhd. *gerouwen, gšrҫuǝ* 'geschrien' mhd. *geschrûwen, ghĕrǝ* mhd. *gehœren, ghuftig* 'über den Rand hinaus gehäuft' mhd. *gehûfetic, *gfrĭšt* 'Frostbeulen' mhd. *gevrüste*.

Vor Verschlusslauten ist es bei den festen Nominal- und Verbalcomp. unsyncopiert erhalten: *gibẽtlĭ* 'kleines Gebet', *gĭdrҫuǝ* 'getrauen', *gigaitš* nom. act. zu *gaitšǝ* 'verschütten' (St. I 432); dagegen ist das *gi* der part. prœt. in dieser Stellung spurlos verschwunden: *bҭtǝt* 'gebetet', *dҫмǝkt* 'gedacht', *gamǝ* 'gegangen', *kͦ* 'gekommen'.

Die Vergleichung mit der Ma. L (Hunziker a. a. O.), welche ganz ähnlich verfährt, macht es wahrscheinlich, dass *bi* und *gi*, wo sie syncopiert wurden, auch in Bat. zuuächst *p, k* ergaben, und dass diese Fortes dann ihrerseits erst der allgemeinen Schwächung der anl. Fortes unterlagen. Beachtenswert ist dabei der Gegensatz gegen die Artikelformen, welche, wie wir gesehen, auch heute noch in Bat. als Fortis *t* erscheinen. Wir müssen wohl annehmen, dass diese letztere immer wieder neu aus der vollen Form *di* hervorging, [8] odass ihre Fortis erhalten blieb. — Ohne die Parallele von L möchte man vermuten, dass bei jenen part.-praet.-Formen ohne *g* nicht Syncope des *gi* und Schwächung des *k* vorliege, sondern die Bildungsweise ohne Präfix, welche bei diesen Wörtern im Gebrauche verallgemeinert worden wäre. So würde sich dann der Gegensatz von *gibɛtli* und *bɛtət* erklären; während nun das Verfahren der anderen Mundarten zu der Annahme führt, dass in der constanten Verbindung mit Substantiven oder Verben *gi* einen stärkeren Nebenton besass als im part. praet. und daher dort nicht wie hier Vocalschwund erlitt.

Das Personalpronomen 2. Pers. bewahrt stets seinen geschwächten Vocal *ə*, kann also (wieder im Gegensatz zu K) keine Fortis *t* abgeben. Es heisst *wenn də wit* 'wenn du willst', nie *wenntwit*. Syncope des Vocals ist bloss dann erfolgt, wenn *də* sich in der Inversion an sein Verbum anlehnt: zugleich ist dann aber der Dental völlig in dem *šš* (< *st*) der Endung aufgegangen: *bišš ęu dọ?* 'bist du auch da?' wie *də bišš ęu dọ* 'du bist auch da'.

15. Endlich sei die allgemeine Erscheinung erwähnt, dass jede Fortis, wenn die Wort- oder Satzverbindung sie in unbetonte Stellung rückt, ihre specifische Fortisarticulation einbüsst, weil das unterscheidende Mass von Exspirationsstärke und Dauer ihr entzogen wird. Es heisst *mit* 'mit' aber *midənanndər* 'miteinander', *ap* 'ab', aber *abəlannd* 'vom Lande', *ęšə* Name eines Quartiers, aber *ęšəfòɣštət* 'Aeschenvorstadt', *ęntli* 'endlich', aber *hoffədli* 'hoffentlich'; *Kannə* 'Kanne' aber *Kanəfélld* 'Kannefeld' n. l. eines Kirchhofs, *alli* 'alle' aber *alibọt* 'alle Augenblicke'. Dabei sind die Schattierungen zwischen Fortis und Lenis ebenso zahlreich wie die der sie bedingenden Accentfülle.

Hierher gehört auch die Erscheinung, auf welche Seiler S. 19 aufmerksam macht, dass bei 'Beteuerungen und Kraftwörtern, überhaupt in nachdrücklicher Rede unsrer Mundart das wirksame Mittel der Verhärtung der Media (c: Lenis) im Anlaut zur Verfügung steht'. Dieser Verschärfung können sämtliche stimmlosen Lenes, Verschluss- und Reibelaute, unterliegen, doch stets nur die vorhauptonigen; sie können den Stärkegrad einer vollen Fortis erreichen. So spricht man z. B. im Affect: *tummə tüblˌ də!* 'dummer Querkopf du!' *düblˌ* 'stumpfsinnige Person, Idiot', als Schelte dann auch

'Tölpel, Flegel' ist dasselbe Wort wie bst. *dùbļ* 'Döbel, hölzerner Pflock, Zapfen, der in die Mauer gekeilt wird' mhd. *tübel*, DWb. II 1198; ähnliche Begriffsentwickelung wie bei Bloch, Klotz u. a.

§ 16. Für den Consonantismus zumal der obd. Mundarten ist von grosser Bedeutung die von Winteler KM C II § 1, 4 aufgestellte Regel, welche unter dem Namen Winteler'sches Silbenaccentgesetz (Sievers Phon.³ 196) bekannt ist. Die Fassung bei Winteler ist in Kürze folgende:

a) Bei den Sonorlauten erscheint jede etymologisch zu erwartende Lenis, welcher ein kurzer starktoniger Vocal vorangeht, als Fortis, sobald ihr noch ein Consonant (meist ein stimmloser) sich anschliesst.

b) Dasselbe gilt für eine stimmlose Lenis (hier muss der folgende Cons. ein stimmloser sein).

Da Winteler diese Regel auf den Boden seiner lebenden Ma. begründet, ist der Zusatz 'sobald ihr noch ein Consonant sich anschliesst' zunächst unentbehrlich: denn wo dies nicht geschieht, sehen wir ja die Lenis verbleiben, und die Fälle sind häufig, wo innerhalb einer Formenreihe der Wechsel von Fortis und Lenis auf dem Folgen oder Nichtfolgen eines Cons. beruht; z. B. *štile*, *štillšt*, *štillt* ('stehle, stiehlst, stiehlt') *wibæ*, *wipšt*, *wipt* ('webe, webst, webt') u. a. m. Es giebt aber doch auch in K Spuren davon, dass das Gesetz einst weiteren Umfang hatte: so die Conjj. und Impp. zu 'kommen, nehmen, sollen' und der Indic. des letzteren Verbums (K. M. S. 69 f.): diese zeigen den geschärften Cons. *mm*, *ll*, 'wenn denselben nicht ein ganz leichter vocalisch beginnender Redeteil, z. B. eine Enclitica, folgt'; und T hat diese Verschärfung sogar spec. vor Pause. Hieher rechnen wir auch *imm*, *wemm*, *demm* (S. 70); denn das *mm* in got. *imma*, *hwamma*, *þamma* dürfen wir für deren Fortis nicht verantwortlich machen, sondern wir müssen von den aus ahd. *imu*, *wemu*, *demu* mit einfachem *m* syncopierten Formen ausgehen. Ferner gehören hieher die auf S. 69 erwähnten Wörter *χill* 'Kehlstück', T *fill* 'viel', *tromm* 'Fadenende', *till* 'Diele'. (Die Fälle aus Bst. s. u. § 43.). All diese Wörter haben statt der etymologisch zu erwartenden Lenis eine Fortis, die nicht an folgenden

Consonanten gebunden ist. Die Fortis hat den Wortauslaut inne: im Inlaut, in den mehrsilbigen Formen geht die Lenis nebenher. Hiedurch nehmen diese Wörter in der lebenden Ma. eine Ausnahmestellung ein; wenn ich nicht irre, dürfen wir in ihnen die erstarrte Wirkung eines Lautgesetzes erkennen, welches einst auf viel weiterem Gebiete Geltung besass, und welches sich in folgende allgemeine Fassung bringen lässt: ein sonorer Consonant muss als Fortis gesprochen werden, wenn er ganz oder seiner ersten Hälfte nach mit dem Exspirationsstoss eines unmittelbar voraufgehenden starktonigen kurzen Vocals hervorgebracht wird. Seine Intensität beruht dann eben darauf, dass der Stimmton des betr. kurzen Vocals noch in einem Moment relativer Stärke in den Sonorconsonanten einmündet. Nach einem langen Vokal und im Silbenanlaut ist dies nicht der Fall, erscheint deshalb Lenis (vgl. Sievers Phon. S. 67). Das Folgen oder Nichtfolgen eines Cons. ist dabei ganz gleichgiltig.

Der mhd. Reim setzt dieses Gesetz voraus. In Reimen wie *val: tal, swam: nam, entran: an* ist nicht die im Inlaut geminierte Fortis der ersten Reimglieder im Auslaut zur Lenis geworden, sondern umgekehrt die inlautende Lenis der zweiten Glieder im Auslaut zur Fortis, weil sie in dieser Stellung von dem Exspirationsstoss des vorangehenden kurzen Vocals hervorgebracht wurde. In einem *gebrant: gemant* ist es allerdings der Cons. *t*, der hier zunächst, verglichen mit *mane, manet* u. s. w., die Fortis hervorruft; aber das Entscheidende ist auch hier wiederum die Verschiebung der Silbengrenze, das Anteilnehmen des *n* an der vorausgehenden kurzvocalischen Silbe.

§ 17. Auf dem Gebiet, auf welchem dieses Gesetz Giltigkeit hatte, war also ein Wort von dem Schema: (Cons. +) kurzer Vocal + sonore Lenis, wenn es Starkton trug, und die Lenis sich nicht an eine folgende Silbe anschliessen konnte, nicht sprechbar. In allen derartigen Lautgruppen wurde die Lenis zur Fortis geschärft. — Bei einer grossen Zahl der verba und nomina entstand so eine Differenzierung zwischen den Formen mit und ohne vocalische

Endung. In jenen wurde Lenis, in diesen Fortis gesprochen. In den oben angeführten Wörtern hat K diesen Wechsel bis heute bewahrt.

Allein die Mundarten zeigen uns, dass das Verhältnis der silbenanlautenden und -auslautenden sonoren Lenes noch von einem weitern Umstand abhängig wurde. Es trat ein weiteres Gesetz ein, nach welchem unter gewissen Accentbedingungen jene Fortis im Silbenauslaut zur Lenis geschwächt und gleichzeitig der vorausgehende kurze Vocal gedehnt wurde.

Auch bei dieser Entwicklung war jene unsprechbare Verbindung: kurzer starktoniger Vocal + tautosyllabische [1] Lenis vermieden. In welche Zeit diese Lauterscheinung hinaufreicht, wird schwerlich zu bestimmen sein. Doch ist es kaum zufällig oder auf Reimnot beruhend, dass im Mhd. der Reim -*an* : -*ân* so häufig vorkommt auch in Dichtungen, welche sich sonst genauer Reimung befleissen (vgl. Cl. Fr. Meyer, de Verborum Consonantia Finali, Berol. 1845 S. 30 f., und Pressel, Reimbuch zu den Nibelungen). Diese Reime sind rein, wenn jene vokaldehnende Gestaltung des Auslauts schon damals der Sprache geläufig war.

In den heutigen Mundarten hat das Gesetz die breitesten Spuren hinterlassen. Alle die schweizerischen Dialekte nämlich, welche die Vocalkürzen im Inlaut getreulich bewahrt haben, zeigen bei Auslautstellung der Sonorlenis regelmässig Dehnung des Vocals (K. M. 68 f.); *šbįl — šbįlǝ, tsal — tsalǝ* u. a. Weil diesen Formen die oben genannten mit Erhaltung der Kürze und Schärfung des Cons. entgegenstehn, sind wir zu der Annahme berechtigt, dass einst Doppelformen, von verschiednen Accentbedingungen abhängig, bestanden, und dass dann Ausgleichung nach verschiedner Richtung hin erfolgte. Dabei hat die Ausgleichung zu Gunsten der Vocaldehnung überwogen, sodass der Wechsel von langem Vocal + Lenis für den Auslaut, kurzem Vocal

---

[1] Ich gebrauche diesen Ausdruck in Ermangelung eines andern, obwohl sein Sinn hier nicht ganz derselbe ist wie in der sanktionierten Verbindung tautosyllabischer Diphthong.

+ Lenis für den Inlaut zum eigentlich lebendigen, produktiven geworden ist, während jenes andere Verhältnis, kurzer Vocal + Fortis im Auslaut dem kurzen Vocal + Lenis im Inlaut gegenüber, heute als Ausnahme erscheint.

§ 18. Dass die Formen mit langem Vocal und Lenis in der Tat aus denen mit kurzem Vocal und Fortis hervorgehen konnten, dass aus *tall* ein *tal* wurde, wird gestützt durch einen parallelen Vorgang. Es gibt eine Anzahl Wörter, für welche man die Schwächung der auslautenden Fortis unbedingt annehmen muss, da im Inlaut nicht wie dort eine Lenis sondern gleichfalls eine Fortis nebenhergeht. Die Fälle sind grösstenteils auf dem ganzen schweizerischen Gebiete und ausserhalb desselben zu belegen; ich führe die mir aus Bst. bekannten an: *fal* 'Fall' mhd. *val valles*, plur. bst. *fḝl*: in den Verbindungen *uf ḱai fal* 'auf keinen Fall', *uf allḭ fḝl* 'jedenfalls', *glichvaals* schreibt Andr. Ryff (1592), aber *fallə* 'fallen'; *štal* 'Stall' mhd. *stal stalles*; *ī̆bərāl* 'überall' mhd. *überal*, aber *allḭ* mhd. *alle*, bei P. G. *sal : vberall* (das doppel *l* jedenfalls falsche Correctur des Setzers), *vberall : zůmal*, bei FP. *fahl : überal*, *Zal : überal*; *hḝl*, mhd. *hël hëlles*, in der Verbindung *hḝl nḭt* 'rein nichts' und auch als lebendes Adj. in der Bed. 'wahrhaft, offenkundig' s. Seiler S. 160; das Lehnwort *bal* frz. *le bal*; *ban* 'Bann' mhd. *ban bannes*, bei P. G. *lahn : bann* (das *nn* wieder Setzerorthographie), bei Spreng *Bahnherr* 'Kirchenältester'; *ma* 'Mann' mhd. *man mannes* aber plur. *mḝnnər*; *ḱa* 'kann' mhd. *kan* pl. *kunnen*. Die Fälle lassen keinen Zweifel übrig, dass die Schwächung nur im Silben-Auslaut lautlich berechtigt ist und bisweilen analogisch in den Inlaut verschleppt wurde in jenem *glichvaals*, in *štḝlḭ* dem. zu *štal*, *ḱašš* 2. pers. zu *ḱa* u. a.

Wie also aus dem Typus *tale—tall* unter anderm Accente ein *tale—tāl* hervorging, so aus dem Typus *falle—fall* ein *falle—fāl*: allein in dieser zweiten Klasse wirkte die inl. Fortis der ausl. Lenis entgegen, sodass die Lenisformen nur in den paar vereinzelten Fällen sich festsetzen konnten.

Anmerkung. Wenn die Annahme richtig ist, dass schon in der ältern Zeit, etwa im 13. Jahrh., die Entstehung der geschwächten und vocallangen Formen möglich war, so muss der Vocal derselben sich immer wieder qualitativ dem kurzen Vocal des Inlauts angeglichen haben; denn er ist in der lebenden Mundart nirgends mit den stammhaft langen Vocalen zusammengefallen: *fāl*, *mā*, aber *mǫl* (mhd. *mál*), *lǫ* (mhd. *lân*) u. s. w.

§ 19. Das oben besprochene Gesetz, nach welchem sonore Lenis im Silbenanschluss an starktonigen kurzen Vocal nicht geduldet wurde, hatte seine historisch begrenzte Wirkungszeit. In der Lautgestalt der heutigen Mundarten hat es die tiefgehenden Spuren hinterlassen; aber lebendig ist es nicht mehr, denn Formen, welche sich ihm nicht fügen, sind in den schweizerischen Mundarten, welche überhaupt noch Silbenkürze kennen, nicht ganz selten. Wir müssen sie als secundäre Neubildungen beurteilen mit analogischer Übertragung einer inlautenden Lautverbindung auf den Auslaut. In K. gehören sie ausschliesslich dem Verbalsystem an (Winteler, S. 69.): es ist hier die Form des Imperativs und z. T. des Conj. Praes., welche den Consonanten in die Auslautsstellung versetzt; hier war also der Anstoss zur Schärfung der Lenis oder aber zur Dehnung des kurzen Stammvocals gegeben. Diese Formen jedoch konnten als seltener gebrauchte sich der Beeinflussung der andern, des Praes. und des Inf., woselbst der Cons. lenis, der Voc. kurz bleiben musste, nicht entziehen und gaben die nach jenem historischen Gesetze einzig mögliche Gestaltung preis. Stand doch ein *štįl* oder ein *štįll* den Formen mit inl. *l* wie *štįlæ*, *štęlæ* ferner als das heute herrschende *štįl*.

Dem Sprachgefühl von Bst. stellt sich eine Lautgruppe wie *štįl* als ziemlich unsprechbar dar, vorausgesetzt dass sie mit halbwegs kräftiger Betonung gesprochen wird. Bst. muss entweder die Kürze des Vocals oder die Lenisnatur des *l* opfern, also *štįl* (dies ist die herrschende gramm. Form) oder *štįll* sprechen. Unsere Ma. kennt in der That keine Form, welche jenem alten Auslautsgesetz zuwiderliefe.

§ 20. Im Obigen kamen nur die **sonoren** Lenes in Betracht; es fragt sich, ob nicht den **stimmlosen** Lenes gegenüber entsprechende Gesetze gewaltet haben. Ein strikter Beweis lässt sich hier noch weniger führen als dort. Das Verhalten des Mhd. ist verschiedener Deutung unterworfen;

und die lebenden Mundarten haben durch fast gänzliche Verallgemeinerung nach einer Seite hin und durch Schöpfung neuer analogischer Formen die Erkenntnis des einstmals Wirksamen erschwert. Überblicken wir, was zu Gunsten der Annahme, dass auch stimmlose Lenis im Silbenanschluss an emphatischen kurzen Vocal nicht sprechbar war, dass zunächst Schärfung zur Fortis eintreten musste, sich vorbringen lässt.

Einmal jener parallele Vorgang bei den Sonorconsonanten. Der physiologische Grund ist hier wie dort derselbe: der exspiratorische Starkton war nach Hervorbringung eines kurzen Vocals noch so kräftig, dass ein an diesen Vocal sich anlehnender Cons. eine Fortis sein musste.

Sodann ist zu erwägen, ob nicht mit unserm Gesetz der mhd. Schreib- und Reimgebrauch zusammenhängt, nach welchem inl. *b d g h v s* im Auslaut als Fortes *p t c ch f ss* auftreten: für das letztere wird *s* geschrieben, weil die Doppelschreibung damals noch Geminata bedeutete und daher für den Auslaut unstatthaft war, aber sein Lautwert ist zweifellos Fortis; von Reimen kommen solche in Betracht wie *stat : phat, trat : rat, trit : gelit, sac : mac, nac : slac, erschrac : lac pflac wac, vlêc : wêc, blic : sic, brach sprach : jach sach, was (acer) : was (erat)*. Insoweit diese Erscheinung auf obd. Gebiet heimisch ist, darf man nicht das Verklingen des Stimmtons im Wortauslaut zu ihrer Erklärung heranziehen; denn auf Grund der Schreibung der ahd. Denkmäler ist es wohl allgemein angenommen, dass das Obd. in mhd. Zeit längst keine stimmhaften Verschluss- und Reibelaute mehr besass (vgl. u. a. Paul, Beitr. 7, 127 f., Braune, ahd. Gram. § 103). Es könnte vielmehr der Übergang einer stimmlosen Lenis in wirkliche Fortis vorliegen, welcher hier nach dem gegebenen Prinzip eintreten musste. — Doch betrifft diese Erklärung nur die Lenis **nach kurzem Vocal**. Weshalb auch nach langem Voc. und nach Sonorcons. die Schärfung eintrat, bleibt unerklärt. Einem mhd. *geseit : leit, ermant : zehant, gezalt : walt; danc : lanc* setzen die heutigen alem. Mundarten ein *t : d, k : (g)* gegenüber, also einen unreinen Reim, und sie geben Nichts an die Hand, was auf das einstige Wirken des Auslautsgesetzes in diesem Umfange schliessen liesse. Allein die Möglichkeit ist dadurch nicht ausgeschlossen, dass auch in diesen Fällen einstmals die Fortis sprachlich erfordert war und späterhin durch die Angleichung an die Lenis des Inlauts spurlos beseitigt wurde. Für die uns hier vorliegende Frage könnte die Thatsache genügen, dass nach **kurzem** Vocal die Fortis eintrat, dass zu einem *rade, wege, was ich* ein (emphatisches) *rat, wek, wass* gehörte.

Allein diese Formen haben für uns keinerlei Beweiskraft, sobald wir annehmen, dass sie auf obd. Gebiete nicht aus den Gesetzen der eigenen Sprache hervorgegangen sind, sondern dass in ihnen ein Einfluss der fränkischen Hofsprache sich äussert.[1] In diesem Falle wären jene Reime nach alemanischer Aussprache ungenau gewesen; und da es nicht glaublich ist, dass der oberdeutsche Dichter damals die ihm fremde stimmhafte Aussprache der Verschluss- und Reibelautlenes sich aneignete, so war es eine sehr äusserliche Unterordnung unter das Schriftbild, wenn er dennoch *stat: phat, erschrac: lac* reimte. In wie weit diese Hintansetzung der Aussprache zu Gunsten der Schreibung wahrscheinlich ist bei Dichtern, welche meist ihre Werke nicht selbst niederschrieben, will ich nicht entscheiden. Noch eine weitere Möglichkeit ist nicht ausser Acht zu lassen: dass nämlich der obd. Dichter jene Reime nicht deshalb sich erlaubte, weil sie nach dem Schriftgebrauch der Hofsprache sich als reine darstellten, sondern weil der lautl. Unterschied zwischen ausl. Lenis und Fortis so geringfügig war, dass er die kleine Ungenauigkeit wagen durfte, zumal für einige Wörter wie *erschrac, snac, vlēc* sich sonst allzuspärliche Reimbindung dargeboten hätte. Auch in diesem Falle geben natürlich die

---

[1] Wobei vorausgesetzt ist, dass das Ostfränkische zu jener Zeit noch stimmhafte (nichtsonore) Lenes besass. Nach Nörrenbergs Darlegungen für das Mittel- und Südfränkische (Beitr. 9, 393 ff.) ist dies allerdings fraglich. Evt. muss also das mhd. Auslautsgesetz seinem ganzen Umfange nach auf einen andern Grund zurückgeführt werden als auf den Stimmtonverlust der tönenden Verschluss- und Reibelaute im Silbenauslaut.

gen. Reime keinen Beweis ab für das Wirken unseres Verschärfungsgesetzes in mhd. Zeit.

Die Erklärung des mhd. Auslautsgesetzes kann also nur im Zusammenhang mit der Frage, ob auf obd. Gebiete fränkischer Einfluss in Schreib- und Reimgebrauch zu statuieren sei, gegeben werden. Bei den Erörterungen dieser Frage ist auf das Auslautsgesetz nur geringes Gewicht gelegt worden (soviel ich sehe, wird es nur bei Müllenhoff, Dkm. S. XXIV, Paul, mhd. Schriftsprache S. 24 als Kriterium herangezogen); seine phonetische Seite ist dabei ganz unberücksichtigt geblieben. Ich muss mich hier begnügen darauf hinzuweisen, dass die Möglichkeit vorliegt, die betr. Fortisauslaute — zum Mindesten nach kurzem Vocal — aus Gesetzen der obd., speziell der aleman. Sprache zu erklären. Der Wechsel von *pfade — pfat* in obd. Denkmälern rückt dann in eine Linie mit dem oben erwähnten Wechsel von *tale — tall*; er beruht nicht mehr auf der Entlehnung einer lautlichen oder graphischen Erscheinung aus einem Sprachgebiet, welches den inl. stimmhaften Cons. im Auslaut stimmlos sprach, sondern auf der verschiedenen Intensität, welche ein stimmloser Cons. je nach seiner Stellung in der Silbe nach aleman. Sprachbedingungen zugeteilt bekam.

§ 21. Wie stellen sich die lebenden aleman. Mundarten zu diesem Gesetz? Die Analogie zu der Behandlung der sonoren Lenis springt in die Augen. Die Dialekte, welche vor der silbenanlautenden Lenis die alte Vocalkürze bewahrt haben, zeigen bei Auslautstellung dieser Lenis durchgehend Dehnung des Vocals: *grās, grɛ̄sər grɛ̄slį̄ grasæ* u. v. a.; s. Winteler S. 82 ff. Also auch hier wie bei den sonoren Lenes ist die schwächende Entwicklung verallgemeinert worden, welche aus dem Typus *grase — grass* ein *grase — grās* hervorgehen liess.

Doch fehlen Überbleibsel jenes andern Verhältnisses wenigstens nicht ganz. Aus Bst. sind hieher zu ziehen die isolierten Formen *wɔk* 'weg' mhd. *enwēc*, aber subst. *wēg* 'Weg' mhd. *wēc* (vgl. K. M. S. 140); *gīp* 'gieb her' als Ausruf gebraucht, während der syntaktisch lebendige Imperativ *gīb* 'gieb' heisst; vielleicht auch *ap*, *tχap* mhd. *ap, dar ap*, obwohl man diese eher als Loslösung aus Verbindungen wie *apisso* 'abbeissen', *tχapkō* 'davon herunter gehn', wo die Fortis durch ein anderes Gesetz bedingt war, betrachten möchte.

§ 22. Jene erstgenannten Wörter geben uns nun auch die klare Hindeutung, **unter welchen Accentbedingungen** diese Formen mit kurzem Vocal + Fortis erhalten blieben. *wek* und *gip* haben, jenes oft, dieses stets, energischen exspiratorischen Accent. Und ein solcher hat im Allgemeinen die Fähigkeit, die Kürze des Vokals zu Gunsten der Länge und Kraft des Consonanten zu erhalten (vgl. Sievers, Phon. S. 233). Für die Entwicklung zur Lenis und Vokaldehnung werden wir also einen minder energischen, schwächer geschnittenen Accent als Bedingung anzusetzen haben: der sanfte Ausgang des Vokals musste gleichzeitig Längung desselben und Schwächung des nachfolgenden Kons. herbeiführen (ib. S. 234). — Bei all den in Frage kommenden Lautgruppen war also, je nachdem jene schärfere oder diese sanftere Betonung auf ihnen ruhte, zwiefache Gestaltung vorhanden. Die Sprache entledigte sich dann dieses Überflusses und zwar, wie wir gesehen haben, überwiegend zu Gunsten der unter dem sanftern Accent entwickelten Formen.

Es ist klar, dass diese Formen mit Vocallänge und Lenis, wie *wēg*, *tāl*, nicht ihrerseits wieder, wenn sie den schärfern Accent tragen, zu *wek*, *tall* werden können. Aber auch die Formen mit Vocalkürze und Fortis, wie bst. *wek*, behalten in der lebenden Mundart ein für allemal diese Gestaltung: auch bei dem schwächsten Accent kann kein *wēg* mehr entstehn.

§ 23. Was wir oben (§ 19) für die sonoren Lenes konstatiert haben, gilt auch für die stimmlosen. Die Mundarten haben vielfach Neuschöpfungen vorgenommen und die ursprünglich nur im Inlaut berechtigte Verbindung kurzer Voc. + Lenis auch in den Auslaut übertragen. Auch hier geschieht dies vorwiegend innerhalb des Verbalsystems: vgl. die Imp.- und Konj.-Formen *lis*, *gib*, *geb* u. a. bei Winteler S. 159 ff. (dazu ib. S. 82). Es scheint mir kein Zweifel möglich, dass diese Formen sekundäre Bildungen sind, uniformierende Angleichungen an *l̥se, lise, gibe*, während *grās, rād, lōb* u. s. w. mit ihrer Abweichung vom Inlaut *grasæ, rędər, lǫbæ* eine ältere Gestaltung repräsentieren. — In Bst., welches die alten Silbenkürzen durchweg gelängt hat, war damit auch der Anlass zur Bildung jener sekundären Formen genommen. Lautverbindungen wie jenes *lis gib* mit Starkton sind im ganzen Umfang der Ma. Bst. nicht heimisch.

§ 24. Unsere Annahme, dass *grās rād tāg* zunächst auf ein *grass rat tak* zurückführen, findet wiederum ihre Stütze in einer Reihe von Wörtern, welche ganz unzweifelhaft Schwächung der stammhaften Fortis im Auslaut aufweisen. Dabei ist der Stammvocal teils ursprünglich lang, teils erst zugleich mit der Schwächung der Fortis gelängt. Aus Bst. gehören hieher: *rīspryt, rīsnāgl* 'Reissbrett, Reissnagel' aber verb. *risso* 'reissen', *kxǫsmammə* 'Grossmama' aber adj. *kxǫss* 'gross', *mę̄s* 'Mass von festen Körpern' und *mǭs* 'Mass von flüssigen Körpern' zu mhd. *māʒe, kfxę̄s* 'Fratze' mhd. *gevræʒe, rę̄s* 'herb, äzend' mhd. *ræʒe, kxīəs* 'Griesmehl' mhd. *grieʒ, muəs* 'muss' mhd. *muoz, əs txūs* 'aus, daraus' mhd. *ūʒ drūʒ* (dazu bei Spreng *hartpais lindpais* 'hart, weich von Leibe und Gemüte' zu *bisso* mhd. *bīʒen*; vielleicht gehört hieher auch der Henricus Orapbeis civis Basiliensis urk. 1280, doch kann hier ausl. *s* auch Fortis bedeuten); *gwīs* 'gewiss' mhd. *gewis gewisses, dās ę̄s wās* 'das es was' mhd. *daʒ ęʒ waʒ* (wenn in diesen dreien nicht besser die dehnungbewirkende Lenis aus der schwachbetonten Form in die starkbetonte herübergeholt zu denken ist); *kxīs̆* 'Krüsch, Kleie' mhd. *grüsch, muəs̆* 'musst' mhd. *muost* (das *st* der II Pers. ist sonst überall durch die Fortis *s̆s̆* vertreten).

Die ersten drei Wörter der Reihe sind als isolierte Formen wertvoll; sie zeigen deutlich, dass die Stellung im Taktauslaut zur Schwächung erforderlich ist. Auch für all die übrigen Fälle, bei welchen der geschwächte Cons. heute über den Inlaut hin ausgedehnt erscheint, dürfen wir annehmen, dass lautlich die Schwächung nur im Taktschluss möglich war. Diese einschränkende Bedingung mag auch für die in § 17 f., § 22 f. besprochene Fortisschwächung Giltigkeit haben.

Auch bst. *ůfəχt* 'Auffahrt = Himmelfahrt Christi' mhd. *ûfvart ûfart* scheint diese Schwächung der Fortis *ff* zu repräsentieren: nach jetziger Aussprache steht *f* zwar im Taktinnern, aber früher mochte das zweite Compositionsglied noch selbständigen Ton haben (darum auch Erhaltung des *r* gegen z. B. *būχkət* ⟨burchart⟩); das anl. *f* von *-fart* muss schon vor der Schwächung mit dem *ff* von *ůff* zu einem Laut verschmolzen, die Zusammensetzung also nicht mehr gefühlt worden sein; sonst hätten die beiden Lenes wieder zur Fortis zusammentreten müssen.

Bst. spricht, soviel ich weiss, *masslaidig* 'übler Laune, verstimmt' eigentlich 'dem das Essen, mhd. *maz*, entleidet ist', mhd. *mazleidec*: auffallend ist die Dehnung des *a* bei Beibehaltung der Fortis *ss*. Am einfachsten erklärt sich das als Compromiss aus einem *mas* und *mass*. Wenn dem so ist, haben wir hier eine Spur der einst allgemeinen Doppelformigkeit Länge + Lenis gegen Kürze + Fortis.

Anmerkung. Im Dialekt von Beromünster hat eine viel grössere Anzahl von Wortstämmen diese Schwächung durch alle Formen durchgeführt (Brandstetter S. 234, 35, 36, 44, 51). Auch ausserdem hat in dieser Ma. die Erscheinung grössere Bedeutung gewonnen, indem zahlreiche Verba ihre Fortes χχ, *ff*, *ss*, *šš* im Auslaut (und darnach analogisch auch in einigen Inlautsformen) durch die Lenis vertreten: hier hat sich zu einem regelmässig wiederkehrenden Lautwechsel ausgebildet, was ursprünglich die vergängliche Wirkung einer gewissen Betonungsweise war. Daneben stehen Verba, welche über alle Formen hin constante Fortis zeigen. Diese beweisen, dass wir nicht das einfache Ergebnis eines rein lautlichen Vorgangs vor uns haben, dass vielmehr eine einstmalige vom Accent bedingte Doppelformigkeit innerhalb jedes einzelnen Verbums ausgeglichen worden ist, und dass hiebei die einen Verba die Lenis, die andern die Fortis bevorzugten. — Dabei ist in der Quantität des Stammvocals stets Einheit hergestellt worden: die Formen mit auslautender Lenis haben die Länge des Vocals aufgegeben, wenn der Präsensvocal Kürze ist: z. B. *briχ, trif, is* Impp. zu *brɛχχə, treffə, ɛssə*. Die umgekehrte Ausgleichung finden wir beim Substantiv: hier kommt die Vocallänge zur Alleinherrschaft und zugleich mit ihr die Lenis: beides war im Nom.-Sing. und den anderen endungslosen Casus lautlich entwickelt, also in den Formen, welche durch die Häufigkeit ihres Gebrauches die andern verdrängen konnten: z. B *štīχ, grīf, pšīs* mhd. *stich, grif, beschiʒ*.

§ 25. Es findet sich eine Anzahl Wörter, grossenteils

über ein weites Gebiet verbreitet (Winteler S. 140), welche ihre stammhafte Lenis in gewissen isolierten Verbindungen durch die Fortis ersetzen. Aus Bst. kenne ich: *hanntlig* 'handlich, bequem' mhd. *hantlich, hammpɔχsmā* 'Handwerker' mhd. *hantwērcman* (es könnte auch *antwērc* mit seinem *t* herein gespielt haben), aber *hannd* mhd. *hant, hɛnndlį* mhd. *hendelin* u. s. f. mit *d*; *štɛnntlįgɔ* adv. 'stehend' zu mhd. *stentlich, bestentlichen*, aber *štannd* mhd. *stant; ɛnntlig* 'endlich' mhd. *endelich, entlich*, aber *ɛnnd* mhd. *ende; fχįnntlig* 'freundlich' mhd. *vriuntlich*, aber *fχįnnd* mhd. *vriunt; įbɔrwįnntlįgɔ* (Ton auf *wį*) v. trans. ein t. t. beim Nähen, formell zu mhd. *überwintlich; bįnntɔlį* 'Bündel' mhd. nicht belegt, zu *bunt, binden* (vgl. Kluge, et. Wb. s. v. Bündel); *maitlį* 'Mädchen' mhd. *meitlîn* (*megetlîn;* in den R. q. findet sich fast regelmässig *früntlich, kuntlich, glouplich, yeklich, vestiklich, einhelliclichen, ewiklichen, snelleclichen, zuchteklich, mengclich, verfengklich, gevenknisse*. Es liegt nahe, derartige Formen mit dem alten Auslautsgesetz in Verbindung zu bringen, sodass doch von der Schärfung der Lenis auch nach **langer** Silbe heute noch Spuren vorhanden wären (vgl. oben § 20). Doch wird durch den Gegensatz von *landammæ* 'Landamman' gegen *lantrāt, lantrɛχt, lantwęr* in K. (Winteler S. 140) die Annahme begünstigt, dass nicht der Silbenauslaut sondern der folgende Consonant (*r l n w*) es ist, welcher die Fortis entstehn lässt (K. *tsæntymmæ* 'zu Ende herum' könnte alte *į*-Gemination enthalten). Zur Lösung der Frage müsste reichlicheres Material aus den Mundarten vorliegen. Vorläufig ist es zu bezweifeln, ob in den genannten Wörtern das einstige Silbenauslautsgesetz sich spiegelt.

§ 26. Wir können das Obige in die Sätze zusammenfassen: unsere Mundarten kannten für sonore und stimmlose Lenis nach kurzem starktonigem Vocal eine Intensitätsabstufung, welche sich nach ihrer Silbenstellung regelte. Die Lenis wurde zur Fortis geschärft, wenn sie sich tautosyllabisch an den Vocal anschloss, sei es, dass sie selbst oder ein folgender Consonant die Silbe auslautete. Wurde die so entstandene Fortis unter minder energischem Accent geschwächt, so trat gleichzeitig Dehnung des Vokals ein. Derselben Schwächung und Vocaldehnung waren Stämme mit **primärer** Fortis ausgesetzt. Taktauslautstellung der Fortis war dazu erforderlich. — Die Intensitätsabstufung ist als lebendiges Gesetz den Mundarten nicht erhalten.

In Bst., welches alle kurzen Vocale vor Lenis gedehnt hat, regelt sich das Verhältnis von Lenis und Fortis nach dem einfachen Prinzip: auf starktonigen kurzen Vocal folgt stets Fortis, sonore oder stimmlose; Lenis findet sich nur nach starktonigem langem Vocal, nach schwachtonigem Vocal oder nach Cons.

§ 27. Während jene besprochene Intensitätsabstufung, die lediglich vom Accent und von der Silbenstellung bedingt wird, für unsere Ma. ein todtes Gesetz ist, welches heute keinen beweglichen Lautwechsel mehr veranlasst, treffen wir eine andere Erscheinung, welche von der vorigen durchaus unabhängig ist, und welche in der lebenden Ma. die meisten consonantischen Lautwechselfälle bestimmt.

Winteler weist KM. S. 144 auf sie hin. Wir können die Regel, zum Mindesten für die Ma. Bst., in folgender Fassung geben: stimmlose Lenis und Fortis bewahren ihre gegensätzliche Natur nur in sonorer Umgebung. Treffen zwei oder mehr stimmlose Laute zusammen, so erhalten ihre Articulationen eine gewisse mittlere Intensität, kräftiger als die der Lenis, etwas schwächer als die der Fortis. Wir können für diese Laute die Bezeichnung 'neutrale' brauchen. In der Schrift ein besonderes Zeichen für sie zu verwenden, geht aus praktischen Rücksichten nicht wohl an, obgleich es wünschenswert wäre. Ich gebe sie bei den Verschlusslauten mit den Fortiszeichen wieder; bei den Reibelauten müsste ich konsequenter Weise die Doppelzeichen setzen; doch entstehn dadurch zu lästige Buchstabenhäufungen, so dass ich das einfache Zeichen wähle. Verwirrung kann ja nicht entstehn, sobald man sich gegenwärtig hält, dass in einer Gruppe von stimmlosen Cons. jeder den besagten neutralen Stärkegrad besitzt.

Anmerkung. Im Obigen habe ich bei der Erörterung von anl. Lenis und Fortis, um nicht zu verwirren, diese genauere Orthographie nicht angewendet, sondern mich an das etymologisch zu Abstrahierende gehalten. Für *drǫtɔ, grǭm, bš̨ęuɔ, ḱērɔ* wäre also richtiger zu schreiben *txǫtɔ, kχǭm, pš̨ęuɔ, ḱērɔ* u. s. f. Im Folgenden werde ich den ausgesprochenen Grundsatz stets innehalten.

§ 28. Der Gegensatz dieses Gesetzes gegen das vorige ist ein dreifacher: 1) beruht es auf Combination mehrerer Cons., was beim vorigen nicht der Fall war; 2) ist es gleichgiltig, ob kurzer oder langer Vocal vorausgeht; 3) verhalten sich die sonoren Cons. nur passiv dabei. Auf letztern Punkt ist Nachdruck zu legen: *kχīnɔ* ('greinen'), *š̨ɐmɔ* ('schäumen'), *walɔ* ('wälzen') behalten in *kχīnt, š̨ɐmt, walt* (3. Pers.) ganz ebenso ihre Lenes *n, m, l*, wie *špįnnc* ('spinnen'), *šwįmmɔ* ('schwimmen'), *fallɔ* ('fallen') in *špįnnt, šwįmmt, fallt* ihre vollen Fortes behalten. — Nur éinen Widerspruch gegen diese Regel kenne ich in Bst.: zu *fu̇l* 'faul' mhd. *vûl* gehören *fu̇llkxd* 'Faulheit' mhd. *vûlecheit* und *fu̇lltsi̧* 'ein Ballspiel' (s. Id. I 824) mit Fortis *ll* und dadurch bedingter Kürze *u*. Der Fall ist mir rätselhaft (wenn er nicht etwa zu § 50 zu stellen ist?).

§ 29. Durch das mannigfache Zusammentreffen stimmloser Consonanten im Wort- und Satzsandhi entsteht so eine Variierung der etymologischen Entsprechungen. Neben *sųnntig, męntig, fχįtig* ('Sonntag, Montag, Freitag') mit entschiedener Fortis *t* wegen der sonoren Umgebung haben wir *tsįštig, dǫnnštig, sammštig* ('Dienstag, Donnerstag, Samstag') mit unverkennbar schwächerer Articulation des *t* wegen des vorangehenden stimmlosen Lautes *š*. Ebenso *įnnțugɔ* 'in die Augen', *anntlę̈dɔ* 'an die Lüden', *gēgɔtwǫ̈nntɔlɔ* 'gegen die Wanzen' mit Fortis *t*, aber *u̧fțugɔ* 'auf die Augen', *leštlammpɔ* 'lösch die Lampe' mit dem neutralen *t*. So *himmpērį* 'Himbeere' mhd. *hintber*, gegen *ęxpērį* 'Erdbeere' mhd. *ërtber*.

So beweist in *hammpɔχsmä* 'Handwerksmann' die Fortis *p*, dass wir ein *hant-* anzusetzen haben; in *hęnntšɔ* 'Handschuh' bleibt es ungewiss, ob das neutrale *t* ein *d* oder *t* fortsetzt.

Andrerseits sprechen wir in *fįmmfi̧* '5' deutliche Lenis *f*, in *fu̧ftsę̈, fu̧ftsig* '15, 50' den stärkern Laut. So in *pχę̈fɔr* 'braver', aber *dɔχpχę̈fšt* 'der Bravste'.

§ 30. Wir haben oben § 10 angedeutet, dass *r* sich im Lautsystem von Bst. als Lenis zu der Fortis *χ* stelle. Dies zeigt sich eben darin, dass sie sich im gleichen neutralen Laut begegnen. *fīχtįg* (mhd. *virtuc*) ist in seinem *χt* nicht zu unterscheiden von *lįχt* 'leicht', *bįχtə* 'beichten' etc. Dass das *r* von Bst. ein stimmloser Laut ist, hat den für die Ma. bedeutsamen Umstand zur Folge, dass die Lautgruppen *rd—rt, rg—rk, rf—rff (rb—rp)* nicht mehr auseinander gehalten werden, während nach den Sonoren *l m n w* Lenis und Fortis streng geschieden sind. Z. B. *ę̄χtə* 'Erde', *węχtə* 'werden', *wų̄χt* 'würde' Conj.' *bųχtį* 'Bürde', *dəχ fǫχtər* 'der vordere' haben das nämliche *χt* wie *gāχtə* 'Garten', *dēχt* 'dort' (s. Lex. *dört*), *fų̄χt* 'fort', *sō̄χtə* 'Sorte'. Analog: *aχk* 'arg', *bę̄χk* 'Berg', *māχkə* 'Morgen' = *mēχkə* 'merken', *ę̄χkļ* 'Erker', *štǭχk* 'Storch' mhd. *storc*. Endlich *dēyfə* 'dürfen' = *węχfə* 'werfen'.

§ 31. Ein Hauptgebiet dieser neutralen Laute ist die Flexion: vor der antretenden stimmlosen Endung fallen die sonst scharf unterschiedenen Lenes und Fortes zusammen: *šnaikə* 'heimlich oder flüchtig ausspähn' mhd. *snöuken* und *tsaigə* 'zeigen' : *šnaikš,-t; tsaikš,-t; štǭssə,* 'stossen' und *lǫsə* 'hören, horchen' mhd. *losen : štǭst, lǫst; rįəχə* 'riechen' und *rįərə* 'anrühren' : *rįəχš, -t* für beide; *hęŋəkə* 'hängen' mhd. *henken* und *lęŋə* 'langen, reichen' mhd. *lengen : hęŋəkš,-t, lęŋəkš,-t*; beim letzteren Worte hat sich der in anderer Stellung vom Nasal verschlungene Verschlusslaut erhalten. In den meisten Fällen gesellt sich zu diesem Wechsel von Lenis und neutralem Laut ein Wechsel der vocalischen Quantität. Darüber s. u. § 47.

§ 32. In einem Falle hat die geringere Energie des neutralen Lautes der Fortis gegenüber eine abweichende lautliche Bildung veranlasst. Zwischen *n—šš* und *l—šš* tritt der Uebergangslaut *t* ein: eine allgemeine Erscheinung in den al. Ma. (analoge Fälle und deren Erklärung s. bei Sievers Phon. S. 240): *menntšə* 'Menschen' *menntšələ* eig. 'nach Menschen riechen', dann 'menschlich i. e. nicht tadelfrei zugehn', *guinntšə* 'gewünscht'; *helltšədə* 'Hülse von Früchten' (setzt ein mhd. *hölschete voraus, zu *hulsche* s. Lex. *hülse*), *falltš* 'treulos, verlogen' mhd. *valsch, wąlltšlannd* 'Welschland'. Dagegen wo dem š ein stimmloser Laut folgt, hat sich dieser Zwischenlaut nicht oder nur sehr schwach entwickelt: *mințstər* 'Münster', *wințstər* 'wünsche dir', *kențstərli* 'Schränkchen' mhd. *kensterlin*, *ballštļ* 'Balstall' n. l., u. a. m. Der Grund wird doch wohl in der hier verringerten Energie des den Zungenverschluss lösenden š zu suchen sein.

Anmerkung. Die in den vorigen §§ besprochene Erscheinung tritt natürlich auch im Wortan- und -auslaut ein, wenn derselbe, selbst stimmlos, im Satzzusammenhang in die erforderliche stimmlose Umgebung rückt. Aus der Beobachtung dieses Wechsels ist das bekannte Notker'sche Anlautsgesetz erwachsen. Dass dasselbe sich auf die Verschlusslaute und (weniger konsequent) den labialen Reibelaut beschränkt, ist aus graphischen Rücksichten leicht begreiflich; stand doch für s und für *ch* im Anlaut nur ein Zeichen zur Verfügung. Dass dagegen nur bei dem zweiten der zusammentretenden Laute die Schärfung gekennzeichnet wird, scheint nach der heutigen Sprache zu schliessen lautlich nicht gerechtfertigt. Hier sowohl, wie im Satzanlaut, der bei Notker die Fortis zeigt, wird sich zufällige orthographische Tradition geltend gemacht haben. Gleichwohl ist das Ganze ein Versuch, der gesprochenen Sprache in der Schrift gerecht zu werden, der von feiner Beobachtung zeugt (über anderwärtige unvollkommnere Versuche dieser Art vgl. Grimm, Gr. I² 380 f. Waag, Beitr. 11, S. 84, 86, 97 u. f.) — Diese Notker'sche Anlautsregel, zusammengenommen mit der Schreibung der ältern alem. Denkmäler, beweist uns, dass schon damals der gleiche Lautbestand von stimmhaften und stimmlosen Consonanten vorhanden war wie in den heutigen hochalem. Mundarten.

§ 33. Von den besprochenen Punkten sind für Bst., im Vergleich mit den konservativern Mundarten der innern Schweiz und also auch mit den für Bst. vorauszusetzenden älteren Perioden, in erster Linie charakteristisch die Schwächung der anlautenden Verschlussfortes und die Verschiebung des stimmhaften Zitterlautes *r* zu einem stimmlosen Reibelaut.

Jene Schwächung, welche die Ma. betroffen hat, hat zwar, wie wir gesehen, nur einen beschränkten Teil des Lautmaterials in seiner Stellung im mundartl. Consonantensystem verschoben. Aber auch an den andern consonanten ist sie nicht spurlos vorübergegangen. Das gesprochene Bst., verglichen mit einem Dialekt der innern oder östlichen Schweiz, fällt auf durch geringere Energie der Articulation: auch an den inlautenden stimmlosen Fortes thut sich das kund. Allerdings wird die Unterscheidung von inl. Lenis und Fortis von Bst. mit völliger Sicherheit innegehalten: es wäre undenkbar, dass ein *dōpə* (mhd. *tâpe*) — *dǫbə* (mhd. *doben*), ein *halltə* (mhd. *halten*) — *halldə* (mhd. *halde*), ein *waiss* (mhd. *weiz*) — *wais* (mhd. *weise*) in Bst. je vermengt würden. Bst. stellt sich hierin in bestimmten Gegensatz zu dem übrigen niederaleman. Gebiet. Dieser Punkt ist es vor Allem, welcher Bst. nicht kurzweg zu den elsässischen Mundarten zählen lässt, zu denen es nach dem Stande der *k*-Verschiebung und einigem andern gehört, sondern ihm eine Mittelstellung zwischen jenen und den hochaleman. Dialekten sichert. Gleich schon in den nächstangrenzenden Ortschaften des elsässischbadischen Rheintals fällt die unbestimmtere Aussprache der inl. Fortis unserm Ohre auf. In St. Ludwig 3,5 km. nw. Basel hörte ich *dęnəgə* ('denken') *wǫllgə* ('Wolke') für unser *dęnəkə, wullkə*, während nach kurzem Vokal, in *drukə* ('drücken') *rukə* ('Rücken'), noch entschiedene Fortis gesprochen ward. Eine eigentümliche Mittelstellung constatierte ich in Kleinhüningen, dem 2,5 km. nördlich gelegenen Dorfe des Kantons Baselstadt: nach langem Vokal wurde Verschlussfortis, nicht aber Reibelautfortis unterschieden: *dōpə~dǫbə*, aber *ǫfə=schlǫfə*. Bst. ist diese Schwächung der Fortis fremd; aber es ist jene Verringerung des Abstandes zwischen Lenis und Fortis eingetreten, deren Winteler S. 27 gedenkt als eines differenzierenden Faktors zwischen verschiedenen Mundarten 'harter Sprachformen'. So besitzen die Verschlussfortes von Bst., soviel ich beobachte, den Lenes gegenüber keine gesteigerte Exspirationsenergie. Das Moment, welches in K etc. bloss das accidentielle zu sein scheint (KM. S. 20), die Dauer, ist in Bst. das essentielle. Bei der Lenis, welcher 'die momentane Natur Lebensbedingung' ist, erfährt die Luftausströmung kaum eine Hemmung. Zur Bildung der Fortis wird der Verschlus länger innegehalten. Die zuströmende Luft übt währenddessen wachsenden Druck aus: so wird auch der Gegendruck der verschlussbildenden Organe kräftiger. Daher besitzt die Verschlusfortis bei gleicher Exspirationsstärke doch eine grössere Spannungsintensität als die Lenis, bedingt durch die längere Dauer. Auch das Explosionsgeräusch wird vermöge der stärkern Luftcompression etwas kräftiger; doch ist gerade dieser Unterschied zwischen Fortis und Lenis in Bst. äusserst gering. Schiebe ich in *dŏbə* ('droben') zwischen den langen Vocal und die Vollziehung des Momentanverschlusses eine kurze Atempause ein, so ist der akustische Effekt schwerlich von dem von *dŏpə* ('Tatze') zu unterscheiden, während allerdings das Articulationsgefühl dabei ein wesentlich anderes ist.

Hieraus folgt, dass eine Verschlussfortis von Bst. im absoluten Anlaut für den Hörenden kaum mehr als Fortis zu erkennen ist. Dieser Fall kann nun in der Ma., nach dem Obigen, nur eintreten, wenn gewisse Formen des bestimmten Artikels einen Satz anlauten. Lehnen sich diese Formen an einen folgenden Vocal an, z. B. in dem Satze *tǫugə dįəmər wẹ̆* ('die Augen thun mir weh'), so tritt, soviel ich an mir und Andern beobachtet habe, geradezu Schwächung des anl. *t* zur Lenis ein: der erste Dental ist für den Sprechenden sowohl wie für den Hörenden von dem in *dįəmər* nicht zu unterscheiden, während in der Verbindung *wenn tǫugə wẹ̆ dįənd* 'wenn die Augen weh thun', dieser Unterschied strikte beobachtet wird. — Tritt der Artikel *t* mit folgendem *d* zusammen, z. B. in einem mit *tęššə* ('die Tasche') beginnenden Satze, so kann die Schwächung zur Lenis natürlich nicht eintreten. Leicht wird dann also nur der Sprechende, weil er das Articulationsgefühl der Fortis besitzt, sich bewusst sein, dass ein *tęššə* ('die Tasche'), nicht ein *dęššə* ('Tasche') vorliegt. — Stösst endlich das satzanlautende *t* mit folgendem *b, g p, k* zusammen, so wird nach meinem Sprachgefühl die Verschmelzung vermieden: man spricht dann *tpakə* ('die Backen'; nicht Fortis sondern der notwendig entstehende neutrale Laut); während im Satzinnern gewöhnlich die Assimilierung bei unbefangenem Sprechen eintritt: *gę̆gə pakə* 'gegen die Backen'.

<small>Anmerkung. Satzanlautendes *t* + *f, s, š, r* hat keine Schwierigkeit, weil da sofort die neutralen Stärkegrade sich ergeben, die in jeder Satzstellung geduldet sind.</small>

Bei den Reibelauten müssen wir die stärkere Exspiration als die essentielle Eigenschaft der Fortes anerkennen: längere Dauer an sich bewirkt hier nicht grössere Spannung. Dagegen trägt die schmälere Enge, welche mit der strafferen Spannung verbunden ist, von sich aus dazu bei, das Reibungsgeräusch zu verstärken. — Das unterscheidende Moment der Dauer fehlt jedoch auch bei den Reibelauten nicht: auch bei ihnen ist die Lenis notwendig momentan.

§ 34. Die längere und die kürzere Dauer der Fortisresp. Lenisarticulation erhält bei Reibe- und Verschlusslauten ihre ganz besondere Bedeutung durch ihren Zusammenhang mit dem Stimmton: momentanes Aussetzen des Stimmtons bedeutet Lenis, längeres bedeutet Fortis. Wenn ich nicht irre haben wir von dieser Seite aus das Entstehen des oben besprochenen neutralen Stärkegrades zu erklären. Beim Intermittieren des Stimmtons fehlt die Engenhemmung im Kehlkopf, ist also die Luftausströmung in das Ansatzrohr bei gleichem Atemaufwand eine grössere als während der Stimmtonentwickelung. Die Lenis erfährt nun die Stärkung durch die angrenzenden stimmlosen Laute, weil diese letztern die Unterbrechung der Stimmbänderenge zu einer andauernden, den Luftzudrang also zu einem stärkern machen, während bei sonorer Umgebung eben nur für den Moment der flüchtigen Lenisarticulation jene Unterbrechung einträte. — Dass umgekehrt die Fortis im gleichen Falle eine kleine Reduction erleidet, möchte darauf beruhn, dass sie gegen die mit der ungehemmten Exspiration producierten stimmlosen Laute in ihrer Umgebung sich nicht mit dem gleichen Intensitätsgegensatz abheben kann wie gegen die sonoren Laute. So würde es sich auch erklären, dass die sonoren Cons. den gleichen Gesetzen nicht unterliegen; denn deren Stärke hängt ja nicht davon ab, dass die Luft möglichst ungehindert in das Ansatzrohr strömt.

§ 35. Wir haben bisher der Lenis schlechtweg die 'Fortis' entgegengestellt und müssen jetzt die Frage erörtern: Sind die Fortes von Bst. unter allen Umständen einfache Fortes, oder werden sie in den Wortstellungen, in welchen geminierter Laut überhaupt möglich ist, als Geminaten gesprochen?

Für dasjenige, was man heute meist unter 'Geminata' versteht, ist entscheidend, dass sich zwei Exspirationsstösse in den Laut teilen, während die einfache Fortis, so gedehnt sie sein mag, éiner Silbe angehört. (Sievers, Phon. S. 191 ff.)

Constatieren wir zuerst, dass man für Bst. an Geminaten, wie sie das Italienische besitzt, oder wie sie Stickelberger Schaffhauser Ma. S. 12 ff. beschreibt, nicht denken darf. — In Bst. ist bei den Verschlussfortes ein implosives Übergangsgeräusch nicht vernehmbar. Entsprechend fühlt und hört man bei den Fortes mit andauerndem Geräusch resp. Stimmton keinen Bruch, kein Abnehmen und Wiederzunehmen der Intensität heraus. Ferner erfährt der betr. Laut keine merkliche Änderung, wenn er aus dem Inlaut in den Silbenauslaut tritt.

All dies würde gegen die Geminata sprechen. Andrerseits kann kein Zweifel sein, dass in einem Worte: kurzer starktoniger Vokal + fortis + Vokal (wie z. B. $ɥssɔ$ 'aussen') die Quantität der ersten Silbe nicht abhängig ist von der Quantität ihres Vocals. Denn wenngleich dieser Vocal schwach geschnitten ist und also als Halbkürze oder als Halblänge zu bezeichnen ist, so ist doch dieser Vocal unter keinen Umständen dehnbar: im gewöhnlichen Sprechen ebenso wie in der mundartlichen Verstechnik bleibt er durchaus auf dieses halblange Mass beschränkt. Die Silbe dagegen, deren Sonanten er bildet, ist dehnbar: sie wird gedehnt eben **durch Dehnung des nachfolgenden Consonanten**. Fiele dieser dem Exspirationsstoss der kommenden Silbe zu, so käme auch seine Längung nicht der voraufgehenden Silbe zu Gute. Da dies aber unverkennbar der Fall ist, muss mindestens der Anfang des betr. Consonanten noch zur ersten Silbe gehören. Am klarsten ist dies bei den **sonoren Fortes**: diese verdanken ja ihre Stärke gerade dem Umstand, dass ein kräftiger Exspirationsschub nach der Hervorbringung eines kurzen Vokals, noch nicht wesentlich geschwächt, in sie ausläuft (s. o. § 16): sie setzen diesen Stimmton fort und lassen ihn während ihres Verlaufes um ein gewisses Intervall steigen.

Da nun im obigen Beispiel wie in allen andern Fällen der Ma. sicher exspiratorische Silbentrennung, nicht Schallgrenze (Sievers, Phon. S. 189 f.) vorliegt, also nicht $\overline{ɥssɔ}$ gesprochen wird (wobei allerdings eine Längung des *ss* der

Quantität der ersten Silbe zu Gute käme); da es ferner nicht denkbar ist, dass der ganze Consonant zur ersten Silbe zu rechnen sei: so bleibt nur die Trennung ǝs-sǝ übrig: nach kurzem Vocal sind also Geminaten zu statuieren.

Wenn trotzdem diese Laute, wie wir oben gesehn, weder dem Gefühl noch dem Gehör den Eindruck von echten Geminaten machen, so hat dies seine Ursache in der genannten relativ schwachen Schneidung des voraufgehenden Sonanten. Die Exspiration ist beim Einsetzen des Cons. schon um Einiges von ihrer Anfangsstärke herabgesunken, so dass jener Einsatz mit geringer Energie erfolgt. Daher das Mangeln des Übergangslautes bei den Clusilen. Daher ist auch bei den Reibe- und Sonorlauten kein wahrnehmbares Decrescendo mehr möglich: der Laut erscheint einheitlich bis auf das kurze Anschwellen, welches unmittelbar vor dem Übergang zum folgenden Sonanten sich kundgiebt. Diese Discontinuität ist aber so gering, dass ihre Beseitigung in der Auslautstellung nur aufmerksamer Beobachtung vernehmlich wird.

§ 36. Ich erfahre aus brieflicher Mitteilung von J. Winteler, dass auch die Fortis seiner Kerenzermundart 'mindestens unmittelbar nach kurzem Stammvokal Anteil am betreffenden Silbenexspirationshub' hat und 'also auch in K (und T) in diesem Sinne eine Geminata' ist. 'Der Grad, in welchem sie dies ist, variiert indessen sogar bei verschiedenen Individuen innerhalb der Sprachgemeinschaft K und bei dem nämlichen Individuum, je nach dem Nachdruck der Silbe im Zusammenhange der Rede'. 'Es lässt sich nur negativer Weise die Bestimmung aufstellen, dass gegenwärtig in der angegebnen Stellung die Fortis niemals blosser Anlaut der folgenden Silbe ist'.

Im Gegensatze zu den mittel- und niederdeutschen Ma. spricht man obd. 'Vät-ter, Wäs-ser, Wĕt-ter, variierend nur im Nachdruck und in der Dauer der Abschnellung des in die Fortis hineinfallenden Silbenstosses. In einem Teil der ostschweizerischen Mundarten, wozu T gehört, hat sich allerdings der Silbenstoss aus der inlautenden liquiden Fortis ganz zurückgezogen, in Folge dessen ist aber auch die Fortis ganz zur Lenis geworden vgl. Ker. Ma. S. 66 u. f. Das ist eine historisch gewordene Thatsache'. — 'Die Silbentrennung *pqtα* (geboten) als *pq-tα* ist also für KT und die ganze Sippe falsch'.

Man sieht, ein Unterschied zwischen den volleren Geminaten mancher Maa. und den geschilderten von K. Bst. u. a., welchen Stickelberger a. a. O. nachdrücklich in Anspruch nimmt, bleibt bestehen. Nur ist derselbe eben kein prinzipieller sondern ein gradueller. Der Nachdruck muss dabei weniger auf die Dauer gelegt werden: freilich wird die vollere Geminata in der Regel sich auch, beim gewöhnlichen raschen Sprechen, durch längere Dauer vor der schwächern Geminata auszeichnen; aber, wie wir gesehen, kann auch diese letztere beliebige Längung erfahren, ohne deswegen der ersteren gleich oder nur ähnlich zu werden. Das Wesentliche liegt also, soviel ich sehe, in der stärkeren oder schwächeren Schneidung des vorangehenden Sonanten. Die starke Schneidung bewirkt, dass bei den Verschlusslauten ein Implosivgeräusch entsteht, und dass bei den Reibe- und Sonorlauten ein kräftiger Anfang des Geräusches dem kräftigen Ausgang gegenüber steht: beides erzielt den Effekt eines gewissermassen doppelten, geminierten Lautes. Bei der schwächern Schneidung überwiegt der mit dem folgenden Exspirationsstoss gebildete Ausgang des Cons. so sehr dessen energiearmen Einsatz, dass jener Effekt nicht entsteht; bei den Verschlusslauten fällt daher ausser der Pause nur das Explosivgeräusch in die Ohren: man kann sie allenfalls als Zusammensetzung von Lenisverschluss und Fortisöffnung bezeichnen. Zwischen diesen Extremen vermitteln Übergangsstufen.

§ 37. Es erscheint mir zweifelhaft, ob in Maa., welche wie die obd. nur exspiratorische Silbentrennung kennen, ein Wort nach dem obigen Schema: kurzer betonter Vocal + Fortis + Vocal überhaupt anders als mit Geminata (im weiteren, prinzipiellen Sinne des Wortes) kann gesprochen werden.

Während also für diesen Fall innerhalb der Mundarten mit Druckgrenze nur graduelle Verschiedenheiten aufzustellen sind, besteht der prinzipielle unverwischbare Gegensatz gegen die Sprechweise mit Schallgrenzbildung, wie sie uns im Munde der Norddeutschen und im Allgemeinen in der Bühnensprache entgegentritt. Indem hier ein Wort nach dem obigen Schema vom Anfang zum Ende hin éinem intensiv absteigenden Atemstosse zufällt, muss der Anfang des betr. Consonanten gegen seine zweite Hälfte überwiegen. Zwischen dieser Aussprache und der von Mundarten mit schwacher Geminata (Bst. K etc.) besteht also in dieser Beziehung der direkteste Gegensatz.

Diejenigen Mundarten, welche die inlautende Fortis eingebüsst haben, wie die elsässischen, besitzen naturgemäss auch keine Geminatenarticulation mehr. Dies zeigt sich wiederum deutlich daran, dass sie in einem unserm *μssɔ* entsprechenden Worte die Stammsilbe nicht längen können: der Vocal ist kurz, und der Consonant fällt als Lenis zur folgenden Silbe.

§ 38. Es scheint bezeichnend für die Idiome mit starker Geminata zu sein, dass sie nach kurzem wie nach langem Vocal (und wohl auch nach Sonorcons.) einen gleich unverkennbaren 'doppelten' Laut sprechen. (Stickelberger S. 13 f.) Nicht so bei der andern Gruppe. Winteler hat K. M. S. 143 die Fortes in dieser Stellung ganz der folgenden Silbe zuschreiben wollen. Neuerdings lässt er die Möglichkeit offen, dass auch in KT 'auch nach langem Vocal, Diphthong und teilweise auch nach Liquide' der Anfang der Fortis in die erste Silbe falle; 'wobei indessen der Nachdruck im Redezusammenhange noch empfindlicher mitspricht als nach kurzem Vocal'. Auch für Bst. wage ich nicht hierüber nach dem blossen Gefühl und Gehör auszusagen. (Deutlich ist also das Verhalten hier ein sehr anderes als in S). Das Hauptkriterium lässt uns hier im Stich: der Anteil des Cons. an der Silbenquantität. Wird ein Wort wie *hōkɔ* ('Haken') oder *hɣɔnkɔ* ('hängen') gedehnt, so geschieht das durch Längung des $\bar{o}$ resp. des *ɣnɔ*: dem *k* ist seine Quantität ein für allemal zugemessen. Wie sich diese auf die Silben verteilt, ist schwer zu entscheiden. Und von einem Bruch in der Exspiration kann hier, bei dem ganz energielosen Einsatz des Verschlusses resp. (bei *hɣɔnkɔ*) ganz sanften Ausklingen des Stimmtons und Hebung des Segels, fürs Gefühl keine Rede sein.

Nun ist aber zu erwägen, dass das Gebundensein der Fortes an eine voraufgehende starktonige Silbe (s. o. § 6 u. 12) nicht anders verständlich wird, als dadurch, dass der betr. Starkton unter allen Umständen Anteil hat an der Hervorbringung der folgenden Fortis, nach langer Silbe ebensowohl wie nach kurzer. Dazu kommt noch Folgendes. Auch in Bst. machen wir die Beobachtung, dass die stimmlose Fortis nach kurzem Vocal etwas stärkere Spannung besitzt als nach langem oder nach Sonorconsonanten, mag es sich auch fürs Gehör kaum geltend machen (vgl. Sievers S. 186). Der Grund hievon kann nicht darin liegen, dass dort Geminata, hier einfache Fortis gesprochen wird; denn der Unterschied ist bemerkbar, auch wo der Cons. im Auslaut steht. Er beruht also darauf, dass dort, nach der kurzen Silbe, der Exspirationsstoss noch nicht so viel von seiner anfänglichen Stärke herabgesunken ist wie hier, nach der langen Silbe; dass darum der Einsatz des folgenden Cons. dort mit unverbrauchtern Mitteln geschieht als hier. Auch dies spricht dafür, dass auch nach langem Voc. und Sonorcons. der erste Teil der inl. Fortis zur voraufgehenden Silbe gehört, und die geminierten Laute folglich nicht auf die Stellung nach kurzem Vocal beschränkt sind.

Die sonoren Consonanten verhalten sich hiebei anders. Der Luftstrom hat ein Hindernis mehr, die Stimmbänderenge, zu überwinden. Darum ist die Quantität der vorausgehenden Silbe, welche bei den Stimmlosen nur wenig modifizierend wirkt, für ihren Stärkegrad entscheidend: nach langem Voc. kann nur Lenis stehen.

KAPITEL II.

DIE QUANTITÄT DER STARKTONSILBEN.

§ 39. Die Fortes, welche das Ahd. nach der zweiten Lautverschiebung besass, waren sämtlich Geminaten[1] mit Ausnahme der $t =$ germ. d. Sie bildeten daher unter allen Umständen einen consonantischen Abschluss ihrer vorausgehenden Silbe. So konnten nach dem Grundsatz, dass eine Silbe nur dann prosodisch kurz ist, wenn sie auf einen kurzen Vocal ausläuft, bloss diejenigen Silben kurz sein, denen eine Lenis oder t, und zwar mit Anlehnung an die nächste Silbe, nachfolgte.

Dieses Verhältnis erfuhr dadurch zunächst eine wesentliche Umgestaltung, dass jenes t nicht mehr als einfache Fortis mit éinem Exspirationsstoss gesprochen wurde, sondern an die vorausgehende Silbe sich anlehnte, also mit der alten Gemin. *tt* zusammenfiel und in eine Linie mit den übrigen Geminaten rückte. Fortan war also kurzer Voc. $+$ Fortis co ipso prosodische Länge.

<small>Anmerkung. Von Kräuter, Alem. V 186 f., finde ich auf diesen Vorgang aufmerksam gemacht. Wie gross das Gebiet ist, über welches er sich ausdehnt, vermag ich nicht anzugeben. Sicher über die Schweiz und — nach Kräuter — über das ganze Elsass. — Man vergleiche mit dieser historischen Beseitigung der nicht geminierten Fortes das in § 37 Bemerkte.</small>

<small>[1] Genauer ausgedrückt: sie wurden als Geminaten gesprochen in jeder Lautumgebung, welche Geminatenarticulation überhaupt zulässt.</small>

Die Denkmäler geben, vom Ausgang des 13. Jahrh. ab, dieser Erscheinung dadurch Ausdruck, dass sie meist ganz consequent nach kurzem Vocal *tt* für altes *t* schreiben, während nach langem die Schreibung *t* bleibt. *t* tritt also in völlige Parallele zu *f*, welches auch nach langem Vocal seit Alters einfach gesetzt wurde, obwohl es hier so gut wie nach kurzem eine Fortis (und gewiss auch eine Geminata) war: die Lenis *f* hatte ihr besonderes Zeichen *v* (s. Paul, mhd. Gr. § 6, 7). Das einstige ʒʒ war in jener Zeit schon mit *ss* zusammengefallen und erhielt auch nach langem Voc. die Doppelschreibung *ss*, weil hier zur Unterscheidung der häufigen Lenis *s* kein besonderes Zeichen mehr zu Gebote stand. Übrigens kommen einfache *s* für *ss* nach langem Voc. auch vor, aber sie werden nicht zur Regel wie das einfache *f*. Bei dem Doppelzeichen *ch* lag die zwiefache Schreibung von vornherein ferner; einzelne Versuche dazu s. bei Weinhold, alem. Gr. § 221. Ich führe aus den Urk. von 1277 bis gegen Ende Jahrh. die Belege für *tt — t* an:

gottis, stette (gen. zu *stat*), *vatter, bette* (mhd. *bëte*), *da mitte, hatte hette;* aber *Gŭta, rvitinon, lvite, mŭter, gŭtes, baten, rate, Rôtenlein, stete und veste, lôtig, bereitet.*

§ 40. Für das Gebiet, welchem Bst. angehört, ist nun Dehnung aller silbenauslautenden Vocale eingetreten. Mit andern Worten: alle prosodisch kurzen Silben der alten Sprache wurden prosodisch lang durch Dehnung ihres Vocals.

Beispiele: *sī* 'sie' mhd. *si* (diese Form ist die vorauszusetzende); *wębɔ* mhd. *wëben, bǫdɔ* mhd. *bodem, lūgį* 'Lügner' cf. mhd. *lüge* adj., *hafɔ* 'Topf' mhd. *haven, jęsɔ* 'gähren' mhd. *jësen, bīrɔ* 'Birne' mhd. *bire, wälɔ* 'wälzen' mhd. *walen, pχęmɔ* 'Bremse' mhd. *brëme, bīnį* 'Zimmerdecke' mhd. *büne* u. v. a. m.

Es ist dies einer der wichtigsten Unterschiede gegen die Dialekte der innern und östlichen Schweiz, welche in all diesen Fällen die vocalische und damit die silbige Kürze bewahrt haben. Ein grosser Teil des rechtsrheinischen Aleman. stellt sich in dieser Hinsicht zum Schweizerischen (Birlinger, Alem. Spr. rechts des Rheins S. 45). Dagegen hat das an Bst. nächstangrenzende Schweizergebiet, Bld., welches mit jenen Maa.

die *k*-Verschiebung und die Erhaltung der palatalen Vocale mit Lippenrundung teilt, diese Dehnung gleichfalls mitgemacht. Dieses Gebiet hat auch (s. o. § 7 Anm.) die alten anl. Fortes geschwächt. Ob beide Erscheinungen nach Südosten zu wohl gleiches Verbreitungsfeld haben? Ein innerer Zusammenhang der beiden ist schon deshalb unwahrscheinlich, da jenes rechtsrheinische Gebiet mit Erhaltung der Kürze, soviel sich aus Birlinger S. 125, 142 schliessen lässt, doch die anlautenden Fortes nicht mehr kennt.

Dieser Dehnung sind in Bst. allein entgangen einzelne als Interjectionen gebrauchte Wörtchen wie *apă* (Ton auf der zweiten Silbe) 'ach was!' *jɛ̆* lebhaftes 'ja!' gegen das sonstige *jō̜*; *sĕ* 'da nimm!' Bei letzterem, mit mhd. *sê*, got. *sai* verglichen, liegt sogar Kürzung alter Länge in ungedeckter Silbe vor. Dies sind die einzigen echten, undehnbaren Silbenkürzen von Bst. Sie sind bedingt durch den stets mit ihnen verbundenen energischen Accent. (vgl. oben § 22.)

§ 41. In Wörtern wie *hōfmā* Familienname Hoffmann, *hāfnər* 'Hafner', *mę̄smər* Familienname mhd. *mesnære*, *u̯īdmə* 'widmen' (auch der Zürcher *Bōdmer* wird in Bst. zu *Bō̜dmər*) wird die Consonantengruppe, obwohl eine derartige im etymologischen Anlaut von Wörtern nicht vorkommt, zur folgenden Silbe gezogen, sodass der Vocal die Dehnung erfahren muss.

§ 42. Nach dem in § 26 Gesagten waren Wörter mit kurzem Voc. + Lenis, wenn diese Lenis in den Silbenauslaut trat, nicht unbedingt der Dehnung unterworfen. Unter energischer Betonung blieben sie vocalisch kurz mit Verhärtung der Lenis zur Fortis. Die Reste davon *awɛ̆k*, *gĭp*, *tχap* s. ib. Nur wenn im Taktende bei stumpferer Betonung diese ausl. Fortis Schwächung erfuhr, wurde der Vocal gedehnt, obwohl er hier nicht im Silbenauslaut stand, weil eben kurzer Voc. + tautosyllabische Lenis nicht sprechbar war. In Bst. mussten ausserdem die gedehnten Inlaute auf die Dehnung der ausl. Formen vorbildlich einwirken.

§ 43. Bei den sonoren Consonanten spielt diese Silbenauslautstellung nach kurzem Vocal, welche Fortis bedingt und Vocaldehnung verhindert, eine grössere Rolle. In einem Fall liegt sogar deutlich die Wirkung des verschiednen Acc. vor uns: das emphatische *jǫ wǫll*, bekräftigender Ausruf, steht dem sonstigen *wǫl* mhd. *wol* gegenüber; hieher noch *wǫllfḷ* 'wohlfeil'. Ferner *tsịmmlịg* 'ziemlich' mhd. *zimlich*, *Kummlịg* 'kommlich = bequem' mhd. *komlich*, *nẹmmlịg* 'nämlich' mhd. *nemlich; ị nịmm* 'ich nehme', *ị Kụmm* 'ich komme', *ann* 'an', *ịnn* 'in'; bei folg. Cons. *nịmmš̌,-t*, *Kụnnš̌,-t* 2. 3. Pers. sing. zu *nę̌* 'nehmen', *Kụ̈* 'kommen' u. s. f.

Hieher vor Allem die Reihe von Wörtern, in welchen *n*, *m* vor *r ļ ẉ*, *y* stand: *hịmmḷ* mhd. *himel*, *hammḷ* mhd. *hamel*, *sammlə* zu mhd. *samenen; summər* mhd. *sumer*, *nụmmərə numerus*, *hammər* mhd. *hamer*, *Kammərə* mhd. *kamere; nammə* mhd. *name*, flect. *namen*, *š̌emmə* mhd. *schëmen*, *tsẹmmə* mhd. *zemen* ('zusammen'); auch *Kemmị* 'Kamin, Schornstein' mhd. *kémin*, und *Kịmmị* 'Kümmel' mhd. *kumin* werden wegen des *n* der Endung herzuziehen sein; *kχịnnə* 'gegreint' mhd. *grînen* pp. zu *grînen; annẉ*, *ịnnẉ*, *fṣnnẉ* 'an, in, von ihm' u. s. w. Wir müssen annehmen, dass all diese Sonorconsonanten, welche die zweite Silbe ausmachen, in der Flexion und im Satzzusammenhange als nichtsilbenbildend erscheinen konnten: dadurch kam der stammhafte Sonorcons. vor ihnen in Silbenausl. zu stehen, wurde Fortis, und die Dehnung des Voc. unterblieb; z. B. *der him(e)l ist > himm-l ist*. Dass bei nichtsonorem Stammauslaut diese selben Endungen nie Schärfung zur Fortis veranlassten, dass es immer mit Lenis lautet *fadə* mhd. *fadem*, *sīdər* mhd. *sider* ('seither'), *nagḷ* mhd. *nagel*, *dafələ* mhd. *tuvele*, *wīsḷ* mhd. *wisel*, erklärt sich einfach daraus, dass wenn jene Endungen consonantisch fungierten, die Gruppen *dm, dr, gl, fl, sl* naturgemäss zur folgenden Silbe fielen, was bei den obigen *mn, ml* etc. nicht möglich war.

§ 44. Doppelformen unter verschiedenen Bedingungen haben wir entwickelt in den Partikeln *an* und *von*. *an* als erstes Glied einer Compos. steht regelmässig am Schlusse eines Satztaktes, kann folglich sein *nn* erweichen und den Voc. dehnen (wozu noch Abfall des *n*): *afǭ* mhd. *an(e)vân* 'anfangen', *alụ̯əgə* mhd. *anluogen* 'anschauen', *arạmə* 'Anlauf' vgl. mhd. *ranc* u. a. Die entsprechend entwickelte Gestalt liegt auch in *tχa* mhd. *daran* vor. Als Präp, hat das Wort die andere Form, *ann*, verallgemeinert (s. o.): in *annis* 'an uns', *anniχ* 'an euch' z. B. hätte sich lautl. nur *anis, aniχ bilden können, da *n* hier nicht silbenausl. ist. In unbet. proclitischer Stellung konnte weder Fortis noch langer Voc. entstehen; zudem sollte das *n* fallen. Andere Dialekte, z. B. das obere Bld., bieten auch wirklich dieses ă z. B. *a dər marə* 'an der Mauer'. In Bst. aber hat auch hiefür jenes *an(n)* sich festgesetzt, welches übrigens auch unbetont vor Vocal sich entwickeln musste. Gleich steht es mit der Präp. *inn*. Dagegen ist bei *von* die gelängte Form *fọ̄*, welche im Adv. *dəχfọ̄* mhd. *dâvon* vorhanden ist, auch für den proclitisch präpositionellen Gebrauch verwendet worden: die Vocallänge ist dabei geschwunden, aber das geschlossene *ọ* verrät, dass nicht ein apocopiertes *fọnn* vorliegt. *fọnnm̥, fọnnənə, fọnnərə* 'von ihm, von ihnen, von ihr' sind lautgesetzlich, *fọnnis, fọnniχ* analogisch, wie oben bei *an*. In der Verbindung mit *dər* 'der, dir' hat sich die geschwächte Form eingedrängt: *fọdər* gegen *anndər*. *von* als haupttonige Vorsilbe bei Familiennamen hat die starke Form *fọnn* durchgeführt: *fọnnšpīr* 'Vonspeyr', *fọnnpχunn* 'Vonnbrunn'; in *fọnndərm̥l* 'VonderMühll' konnte gar nicht Schwächung der Fortis und Vocaldehnung eintreten, weil *nn* hier nicht den Takt schliesst.

Das negat. *un* als haupttoniges erstes Compositionsglied stand in der Mehrzahl der Fälle im Taktschluss, musste also wiederum je nach dem Accent doppelten Weg einschlagen. Die geschwächte Form *ṷ* ist vom obern Bld. verallgemeinert (Seiler S. 297), von Bst. die mit erhaltener Fortis: *ụnnọ̈rniy* mhd. *unordenunge, ụnəgatiy* 'unartig' d. h. nicht wie es einem *gate*, Genossen, ziemt, *ụnəkummliy* 'unbequem' vgl. mhd. *unkumenlich*, u. a. In *ụnnəmịətiy* 'uuanmutig = unangenehm' steht *n* nicht im Silbenschluss, hätte daher nur *ụnə-* lautlich entstehen können.

In *dκmm, wεmm* mhd. *dĕm, wĕm* ist die Kürze + Fortis, in *īm* mhd. *im, īn* mhd. *in, hī* mhd. *hin, bī* mhd. *bin, ksī* 'gewesen' mhd. *gesin* (mit kurzem *i* anzusetzen) die Länge + Lenis zur Alleinherrschaft gekommen.

Anmerkung. Dagegen gehen *tsellə* 'zählen', *šellə* 'schälen', *gwennə* 'gewöhnen' auf die Formen mit alter Geminata mhd. *zellen, schellen, gewennen* zurück (Paul, mhd. Gr. § 75 Anm.).

§ 45. Ein besonderer Fall der Dehnung muss hervorgehoben werden. Vor χ als einer Fortis ist nach dem Hauptgesetz die Dehnung unterblieben: *pχeχə* 'brechen', *blaχə* 'Decke' zu mhd. *blahe* (westgerm. *n*-Gemination) u. s. f. Nun haben wir aber *štāχļ* zu mhd. *stahel* 'Stahl', *tsēχə* zu mhd. *zēhen* '10', *tswēχələ* zu mhd. *twehele* mit Dehnung des Voc. Dieses χ kann also nicht auf westgerm. Gemination beruhen, sondern muss viel später, erst nach der Zeit der grossen Vocaldehnung, aus *h* geschärft worden sein. Damals war immer noch das Gesetz lebendig: inl. *h* schärft sich zu χ, wenn es in den Silbenausl. tritt; diese Bedingung wurde aber in den gen. Wörtern dann erfüllt, wenn die Endungen in Flexion oder Wortfolge den sonantischen Wert verloren. Die Erscheinung reiht sich an die von § 43. Die nichtdehnenden Schweizerdialekte geben natürlich kein Mittel an die Hand, um das Alter ihrer *h*-Schärfungen zu bestimmen. Aber nach diesem Zeugnis von Bst. bin ich doch geneigt, die Mehrzahl der Fälle dieser jungen 'Gemination' zuzuschieben. Mit dieser Reserve ist demnach die Einreihung Kauffmanns Beitr. 12, 524 aufzunehmen (vgl. u. § 71).

§ 46. Zu den bisherigen spontanen Dehnungen im Silbenauslaut kommt die von speciellem conson. Einfluss bedingte durchgehende Dehnung vor allen mit *r* beginnenden Cons.-Verbindungen: Beispiele: *rr*: *dīr* 'dürr, getrocknet' mhd. *dürre*; *flēra* 'breiter Schmutzfleck' mhd. *vlerre*; *gīkēr* 'kreischendes Gezänke' zu mhd. *kërren*; *wīrlədə* 'Wirrwarr von Garn' zu mhd. *wirren*; *pfarər* 'Pfarrer' mhd. *pharræere*; u. a. *r* + Cons.: *štērpəd* 'das Sterben, Pest' mhd. *stërbet*; *dōrkə* 'an etwas herumpfuschen, sudeln, verschmieren' wird mit Begriffserweiterung aus mhd. *torken* 'keltern' zu leiten sein (vgl. o. § 5 *drỹələ*); *štȳpfə* 'schürfen' mhd. *schürfen*; *dȳχšt* mhd. *durst*; *mōrn* 'morgen, cras' mhd.

morn, dṳrn mhd. *turn* 'Turm'; *sęrmə,* m. 'Schirmdach, Geborgenheit' mhd. *schęrmen* n., *kęrlį* 'Kerl' mhd. *kerlin,* etc.

§ 47. Im Folgenden erörtere ich die Fälle, bei welchen es z. T. zweifelhaft sein kann, ob sie Erhaltung der alten Kürze oder Kürzung einer secundären Länge repräsentieren, zusammen mit denjenigen, bei welchen sicher Kürzung von Länge vorliegt. Der ganzen Gruppe liegt nämlich die Schärfung einer stimmlosen Lenis durch nachfolgenden stimmlosen Laut zu Grunde: vor dem so entstehenden neutralen Laute, wenn derselbe Verschlusslaut ist, tritt regelmässig Kürze des einfachen Vocals ein; der Diphthong bleibt erhalten.

a) *jakt* 'Jagd' mhd. *jagede, makt* mhd. *maget, fǫkt* mhd. *voget, maksǫmə* mhd. *magesâme* (vgl. Kauffmann, Beitr. 12, 521), *kχadəwęks* 'geraden Weges', *pχǫpšt* mhd. *probest, ǫps* 'Obst' mhd. *obez,* urk. 1274 *Obser* 'Obsthändler'; *lęptįg* mhd. *lębetac, lępkųəχə* mhd. *lëbekuoche;*

b) Wechsel in der Verbalflexion und im Satzsandhi: *hębə* 'halten' mhd. *heben,* welches die Bedeutung von *haben* nach dessen sinnlicher Seite übernommen hat (Lex. I 1133): *hepš, -t* II. und III. P.; pl. *hębə,* pp. *kept; hębmį* 'halt mich', *hębņ* 'halt ihn' — *heptį* 'halte dich', *heps* 'halt es' u. s. f. Genau entspricht der Wechsel von *lęg — lek* bei *lęgə* 'legen'. Zu *rędə* 'reden' mhd. *reden*: *į ręd, də retš, ər ret, mər ręda;* pp. *kχet; į sagņ* 'ich sage ihm', aber *į saktər* 'ich sage dir'; *ęb* 'ob' mhd. *öbe*: *ębį, ębər, ębmər* 'ob ich, ob er, ihr, ob wir' — *eptə, epsį* 'ob du, ob sie';

c) *fχǫgə* 'fragen' mhd. *vrâgen*: II III P. *fχǫkš, fχǫkt;* pp. *kfχǫkt; fχǫk tę də* 'frage den da' u. s. f. ganz wie oben. So *wǫgə* 'wagen' mhd. *wâgen,* *gǫbə* 'Brautgeschenk geben' mhd. *gâben; blįbə* 'bleiben' mhd. *beliben*: *blipš, -t, bliptəχpį* 'bleibe dabei' etc. *šnįdə* 'schneiden' mhd. *snîden*: *šnįbmįnįt* 'schneide mich nicht' — *šnįtįnįt* 'schneide dich nicht'; *sįg* 'sei' Imp. mhd. *sig* (Weinhold, al. Gr. S. 351) — *sįksǫgųət* 'sei so gut'; *ęb* 'ehe, bevor' aus *ê öb* (vgl. W. Vischer, Beitr. zur vaterl. Gesch. von d. hist. Ges. in Basel, IX, S. XXIII[2]) *eptəgǫšš* 'ehe du gehst' u. s. w.

Vor den Reibelauten dagegen tritt diese Kürzung nicht ein: *lęsə — lįst* 'lese, liest', *pfųsə — pfųst* 'aufgischen' mhd. *phûsen.*

Anmerkung 1. Es ist beachtenswert, dass es zwar *fχǫkt*, *gǫpt* heisst, aber zu *šnǭkə* 'wie eine Schnake herum stöbern', *dǭpə* 'mit der täpe, Pfote betasten' mit konstanter Fortis, niemals -*ǫkt*, -*ǫpt* sondern stets -*ǭkt*, -*ǭpt*, obgleich ja in diesen Formen die gleichen Lautkomplexe vorliegen. Wir sehen daraus, dass das Plus von Exspiration, welches dort die Lenis durch den Zusammenstoss mit der Endung erhielt, der Exspiration des langen Vocals abgezogen wurde. Bei der etym. Fortis dagegen wirkte jenes Zusammentreffen nicht verstärkend. Der Fall scheint mir aber prinzipiell merkwürdig, da er die unbewusste Oekonomie der lautbildenden Mittel, welche einer Silbe zum Voraus ihr bestimmtes Mass von Exspiration zuteilt, beleuchtet (vgl. auch Sievers, Phon. S. 236 Anm.).

Anmerkung 2. Wenn oft *gǭpš gǭpt*, *šrįpš*, *šrįpt* gesprochen wird statt der kurzvocalischen Formen, so ist es die naheliegende Angleichung an die langvocalischen, die I. sing., den plur. etc. Naturgemäss geschieht dies am ehesten bei den minder häufigen Wörtern, nie z. B bei *fχǭgə*. Beim Subst., wo nur im Satzsandhi die Kürzung entstehen könnte, ist dagegen die Verallgemeinerung des langen Vocals ganz durchgängig. Das für die äussere Sprachform der Ma. so wichtige Gesetz scheint demnach nicht eigentlich mehr lebendig zu sein, und jene gekürzten Formen halten sich nur noch durch die Tradition.

§ 48. Ein weiterer Fall von Verkürzung ist an die alten *ī*, *ū*, *iu*, die Vocale mit stärkster Engenbildung, gebunden. Dieselbigen werden gekürzt vor *p, t, k, ff, ss, šš*, d. h. vor allen stimmlosen Fortes mit Ausnahme von *χ*.

Vgl. Kräuter, Alem. V 186.

Beispiele: *tχitsę̄* '13' mhd. *drîzēhen*, *gitig* 'gierig' mhd. *gitec*, *lįt* 'liegt' mhd. *lit*; *riffə* 'pruina' mhd. *rife*, *pfiffə* 'Pfeife' mhd. *pfife*; *špχissə* 'kl. Splitter im Fleisch' mhd. *sprîẓe*, *tχissig* '30' mhd. *drîzic*, *wįss* 'weiss' mhd. *wîẓ*; *tsįštig* 'Dienstag' mhd. *zîstac*, *lįšš* 'liegst' mhd. *list*. — *gnupə* 'Knollen' (siehe Winteler S. 59), *tšųp*' Haarschopf' (Winteler S. 48); *lųtər* 'lauter' mhd. *lûter*, *hųt* 'Haut' mhd. *hût*; *hųffə* 'Haufe' mhd. *hûfe*, *sųffə* 'saufen' mhd. *sûfen*; *fųšt* 'Faust' mhd. *vûst*, *lųštərə* 'lauschen' mhd. *lûstern*. — *lįtə* 'läuten' mhd. *liuten*, *rįtihąχt* n. l. eines Hofes an der Birs, zu mhd. *riute* 'Reutland'.

Dagegen vor *χ*: *glįχlįg* adj. und adv. 'gleich'. Weiterbildung zu *gelich*; *k̄ąχə* 'hauchen' mhd. *kûchen*; *dįχl* 'Wasserleitungsröhre' mhd. *tiuchel*, u. v. a. Allerdings finden sich mit Kürze *jųχǫχt* 'Juchart' mhd. *jûchart*; *jųχtskə* 'jauchzen' zu mhd. *jûchezen*, deren Sonderstellung mir unklar ist.

Anmerkung. Auffällig ist das Nebeneinander von šŭfflə und šŭfftə 'Schaufel', welches sich durch alle ihre Ableitungen hinzieht: šŭfftə v. itr. 'schaufeln' šiffəli 'Schäufelchen, spez. beim Braten der Vorderschenkel', apšiffələ 'abschäufeln = sich sänftiglich Jemand vom Leibe schaffen'; Kluge, et. Wb. s. v. Schaufel setzt germ. f an, Lexer schűvel und schűfel: nur die letztere Form, mit Fortis f, erklärt unsre Vocalkürze. Die daneben vorkommende Länge könnte der Lenisform entnommen sein (während die Lenis f selbst von jener Fortis verdrängt wurde): der Wechsel f-v wäre aus westgerm. l-Gemination zu erklären.

Mit jenen Kürzungen von ū zusammen gehört ein spezieller Fall, wo ursprüngliches uo zu Grunde liegt. Für das alem. Gebiet gilt, ich weiss nicht ob durchgängig, die Regel, dass uo in der Verbindung uots zu einfachem ū gewandelt wurde. In Bst. muss nach dem Obigen dann noch Verkürzung des ū vor ts eintreten. — So gehört zu den nom. pr. mit ahd. Uodal- die Koseform Uz (bst. ųts), direkt zu Uoto, nicht erst aus Ulz (Id. I Sp. 184); bes. in Ortsnamen erhalten: Uzwil, Uznach (alte Belege, schon konsequent mit einfachem u, siehe bei Wartmann, Urkundenbuch der Abtei St. Gallen). Ebenso zu Namen mit Ruod- die Koseform Ruz, in Bst. rųts als Familienname. Zu guot gehört die Ableitung bst. gųtsį 'Bonbon' (L güetsi).

§ 49. Paul hat Beitr. 9, 122 für die nhd. Schriftsprache, die hierin auf mitteldeutscher Grundlage ruht, das Gesetz aufgestellt, dass alte einfache Vocallänge vor Doppelconsonanz, so weit diese nicht zur folgenden Silbe kann gezogen werden, Kürzung erleidet. Für unsere Ma. ist die Regel in dieser Allgemeinheit jedenfalls nicht zu geben. Denn wir haben, vielfach im Gegensatz zum Nhd., die Länge erhalten z. B. in: līəxt 'Licht' mhd. liecht, *fīəxtə 'Fichte' mhd. viehte (den Baum nennen wir fūrə 'Föhre' resp. wįstannə 'Weisstanne') in fīəxtər Familienname Fichter, und in glōštərfīəxtə n. l. eines Hofes 1 St. südl. von der Stadt; nįęxtər 'nüchtern' mhd. nüehtern; dǫxtə 'Docht' mhd. tāht, šmǫxtə 'schmachten', dazu kẽmyəxt (s. u. § 70); sēxtə 'seihen' mhd. *sēhten, flęxtə 'flüchten' mhd. *vlœhten; glǭftər 'Klafter' mhd. klâfter; bǭpšt 'Pabst' mhd. bâbest; myətər 'Mutter' mhd. muoter, fųətər 'Futter' mhd. fuoter, blǭtərə 'Blatter, Blase' mhd. blâtere, *kxētsə* 'Rückenkorb', *kxētslə* 'auf dem Rücken aufgehockt tragen': auch St. II 131 giebt Länge an, so dass die Kürze im Nhd. sekundär zu sein scheint, und die Ansetzung von mhd. *kretze* zu berichtigen ist. *wōpə* 'Wappen' mhd. *wâpen;* *jǭmərə* 'jammern' mhd. *jâmern;* *pfxyənd* 'Pfründe' mhd. *phruonde, gēnd* 'wir, ihr, sie gehn' mhd. *gênt; dənd* 'wir etc. thun' mhd. *tuont; giǝɯ* 'ginge' mhd. *gienge, diǝɯ* 'thue' Conj. mhd. **tüenge,* u. a. m.

Bei vielen der genannten spielt mit, dass sie im Gegensatz zur Schriftsprache den Diphthong bewahrt haben, aber lange nicht bei allen: die Tendenz nach Entlastung der 'überlangen' Silben, welche Paul der Schriftsprache (resp. dem Md.) zuerkennt, müssen wir unserm Obd. absprechen (s. auch u. § 53).

§ 50. Andrerseits haben wir eine Reihe von Kürzungen (sie sind grossenteils über die Schweizermundarten verbreitet, vgl. Winteler KM 130, 145), die zum Teil auch alten Diphthong antasten: sie mögen zu verschiednen Zeiten und unter ungleichen Bedingungen entstanden sein. Ich stelle sie hier zusammen: *pxǫxt* 'gebracht' mhd. *brâht, hǫxtsit* 'Hochzeit' mhd. *hôchzît, filixt* 'vielleicht' mhd. *villîhte; lǫssə* 'lassen' mhd. *lâʒen* (schon bei Spreng neben *lǭ* mhd. *lân* vollständig durchflektiert, wie noch heute); *hit* 'heute' mhd. *hiute* (das *i* beweist eine ältere Kürzung als die nach § 48, welch letztere *i* ergeben hätte); *ɛmml* 'einmal = wenigstens' mhd. *ein mâl, ɯnnəwēg* 'dessungeachtet' mhd. *einen wec; hellgə* 'Bild' eigentl. Heiligenbild, zu mhd. *heilic, ellf* '11' mhd. *einlif; fīnnd* 'Feind' mhd. *vîent, fxīnnd* 'Freund' mhd. *vriunt; wil(l)* 'weil' mhd. *die wîle.*

Den letztgenannten Fall werden wir zweifellos aus der proklitischen Schwachtonigkeit erklären. So haben wir auch *ṣulltess* Familienname aus mhd. *schultheiʒe.* Vielleicht müssen wir uns denken, dass die sämtlichen alten Vocallängen bei schwachem Satz.on eine Kürzung erleiden, die gewöhnlich nicht zum Bewusstsein kommt, weil sie sofort vor dem Erinnerungsbilde der volltonigen Form erlischt; in einigen Fällen aber mochte sie das Übergewicht erlangen und, vielleicht nach längerm Schwanken, die alleingebrauchte Form abgeben. Dies läge vor in den obigen Beispielen. Wir müssen dabei nicht éine bestimmte Periode der Schwächungen annehmen. Schon unter den gen. Wörtern verraten *hellgǝ* und *ellf* mit dem geschlossenen *e*, dass sie zu einer andern und zwar ältern Zeit die Monophthongierung erfuhren als *ęmmḷ* und *ǫnnǝwęg* mit offnem *ę*: bei jenen war der Diphtbong noch mehr *ei*, bei diesen mehr *ai*, als welcher er heute erscheint.

§ 51. Werfen wir einen vergleichenden Blick auf die Resultate, zu welchen Paul a. a. O. für das Md. gekommen ist, so sehen wir, dass auf beiden Seiten die Vocaldehnung an die gleiche Bedingung geknüpft ist: an die ungedeckte Silbe. Die Vorgänge von § 43 sind denen bei Paul S. 114 f. parallel. Doch zeigt sich hier gleich der Unterschied in den Silben mit nicht sonorem Auslaut: ein *troddel, widder, fiddel, bodden* etc. wäre bei uns unmöglich, da diese Consonantenverbindungen *dl, dr* etc. nicht Silbe schliessen. Der Hauptgegensatz aber liegt darin, dass das Alem. die alten Fortes als silbenschliessende und darum dehnungverhindernde Laute strikte aufrecht erhält, was das Md. und in noch grösserem Umfange das Nd. nicht thut (Beispiele bei Paul, S. 120 f.). Gegen die Schriftsprache tritt dies speziell bei den *t* hervor, die wir als Geminaten behandeln s. § 39; nhd. *vater, pate, spaten, waten, beten, kneten, treten, gäten, bote, schote, zote, kröte* haben sich im Alem., soweit sie vorkommen, lauter Kürzen gegenüber. Es ist bekannt, wie in den aleman. Drucken lange Zeit hindurch diese Wörter mit *tt* erscheinen; und auch heute wird bei naivem Schriftdeutschsprechen die mundartliche Kürze des Vocals hier gerne beibehalten.

§ 52. Anhangsweise erwähne ich eine Reihe von Wörtern, welche auffallende Quantität zeigen.

khīnį 'Kinn'; mhd. haben wir *kinne* und *kin*: angenommen, dass auch die letztere Form der Ma. einst geläufig war, so könnte sich hier nach § 18 die Vocallänge und Lenis entwickelt und dann auf die zweisilbige Form ausgedehnt haben. Allein die andern Schweizerdialekte mit ihrer Kürze und Lenis (K. *χünį*, L. *chįnį*) widersprechen dem und führen zu der Annahme einer uralten Nebenform zu ahd. *chinni* und got. *kinnus* ohne die *u*-Gemination.

hīnəχt 'vorige Nacht' fordert altes *hinacht* mit *ī*: einem *i̯* würde *ī* entsprechen. Alte Doppelformen mit kurz und lang *i* wären als Vertreter der unbetonten und nebentonigen Tiefstufe wohl leicht zu rechtfertigen. Auch für *swībǭgə* 'Schwibbogen', Bezeichnung mehrerer jetzt verschwundener innerer Stadtthore, kann man wohl anstandslos ein altes *ī* evt. neben *ī̯* ansetzen. *gis̓*, *git* 'giebst, giebt' setzen ebenfalls alte Kürze voraus, mhd. *gist*, *git*, im Gegensatz zu *li̯s̓*, *li̯t* 'liegst, liegt' mhd. *list*, *lit*. In dem emphatischen *i̯χ* 'ich' mhd. *ich* ist die Länge von der erst im Schwachton entwickelten, dann aber gleichfalls emphatisch gebrauchten Form *ī̯* entlehnt. Aber auffällig ist *i̯* statt *ī̯*. Das Letztere gilt auch von *fi̯l* 'viel' mhd. *vil* und von *kśpi̯rə* 'spüren' mhd. *gespürn*. Diese Wörter scheinen, als die einzigen Spuren eines sprachlichen Vorgangs, auf eine weiter zurückliegende Dehnung hinzudeuten, welche eintrat, bevor das Verhältnis von Quantität und Qualität sich so regelte, dass die langen Voc. geschlossen, die kurzen offen waren und blieben. An welche Bedingungen jene ältere Dehnung geknüpft war, bleibt unklar (vgl. aber o. § 17).

Neben *u̯s* 'aus', *u̯sə* 'hinaus' steht *u̯ssə*, *du̯ssə* 'aussen, draussen' mit *u̯* statt des zu erwartenden *u*; an Stelle des mhd. *úf* 'auf' haben wird durchgängig *u̯ff*: die Form giebt sich in den Denkm. durch die Doppelschreibung des *f* als vocalische Kürze zu erkennen (vgl. o. § 39), z. B. 1339 *uffen* (bst. *u̯ffə* 'hinauf') wie *offenliche*, *phaffen* gegen *löfen*, *liefen*, *slafet*. Nach Id. I Sp. 551 kommt dazu noch für manche Mundarten eine Kürzung der Praep. *ú̯ʒ* > *u̯s u̯s* wie auch *úf* > *u̯f u̯f*: auch hier kann nur das geschlossene *u̯* sich aus der Proclise erklären; für das offene *u̯* hier und in den vollbetonten Adv. von Bst. ist zum Mindesten eine sehr alte Verkürzung anzunehmen, wenn nicht auch hier wieder doppelte Tiefstufe vorliegt (vgl. Osthoff MU. IV S. 260, 266). — *rētig* 'Rettig' hat Länge wie sein Grundwort *rādix*; vielleicht ist auch fürs Mhd. noch allgemein Länge anzusetzen. *hā* 1. sing. Praes. und Inf., *ḱā* part. praet. zu 'haben' fordern altes *han*, *gehan* mit Kürze (siehe die durch den Reim bezeugten bei Lex. und bei Weinhold, al. Gr. S. 382).

§ 53. Noch ein Wort über Länge und Kürze in der lebenden Ma. — Die Silben mit langem Vocal muss man vom Standpunkt der nhd. Bühnensprache aus als Überlängen bezeichnen (Sievers, Phon. S. 187). So wird auch der Voc. in *rǭtə* ('raten'), *kẽmə* ('kämen') ganz gleichlang gesprochen wie in einsilbigem *rǭt*, *kẽm*. Gleiches Mass besitzen aber auch die Silben mit kurzem Voc. + Sonorcons. Zwischen *wáłə* ('wälzen'), *rꝡmə* ('räumen'), *kχĩnə* ('weinen') und *halltə* ('anhalten'), *gꝡmmpə* ('hüpfen'), *winndə* ('winden') ist nicht der mindeste Unterschied in der Länge der Stammsilbe zu bemerken. Die letztgenannten drei sind aber ihrerseits wieder quantitativ durchaus gleichwertig einem *fallə* ('fallen'), *ꝡmmə* ('herum'), *dinnə* ('drinnen'). Auf all diesen Silben steigt der tonische[1] Accent merklich an; bei kurzem Vocal fällt der erreichte Höhengrad in den folgenden Sonorcons.

Die letztere Erscheinung ist nicht möglich, wo stimmloser Cons. auf den kurzen Voc. folgt. Es ist auch nicht zu verkennen, dass in Wörtern wie *bętə* ('beten'), *hǫkə* ('hocken'), *ǫffə* ('offen'), *lǫssə* ('lassen'), *kꝡχi* ('Küche') die Stammsilbe, wofern kein besonderer Nachdruck sie trifft, geringere Quantität besitzt als die der langvocaligen *dẽtə* ('thäten'), *hõkə* ('Haken'), *šlãffə* ('schlafen'), *štǫssə* ('stossen'), *kꝡχə* ('hauchen'). Jenen ersetzt die etwas längere Articulation des Cons. nicht so viel, als das Minus des Sonanten beträgt. Wir haben somit innerhalb der betonten Silben der Ma. zwei verschiedene Längengrade zu erkennen. Doch stehen sie nicht in festem Gegensatz zu einander: nicht immer wird die Stammsilbe von *bętə* u. s. w. kürzer gesprochen als die von *dẽtə*. Denn auch jene erstgenannten Silben sind durchaus keine Kürzen, wie sie die meisten Schweizerdialekte vor Lenis besitzen, wie sie auch im Südfränkischen markant ge-

---

[1] Ich bin nicht sicher, ob damit ein zweiter Gipfel des exspiratorischen Accentes verbunden ist. Jedenfalls ist derselbe sehr schwach. Für das tonische Intervall zwischen Einsatz und Absatz des Stimmtons kann ich keine durchgehende Regel finden. Sehr häufig ist bei affektloser Betonung des Aussagesatzes die (steigende) kleine Terz.

hört werden, und wie sie Kräuter Alem. V für das 'Elsässische' schlechthin statuiert (aber mit unrichtiger Ausdehnung dieser Behauptung auf die nhd. Bühnensprache, s. Paul, Beitr. 9, 101; Sievers, Phon. S. 220). Wirklich kurze Silben sind keiner Dehnung fähig — dies und nichts anderes ist es, was sie absolut charakterisiert: giebt man dies preis, so kann es sich nur noch um ein relatives Länger oder Kürzer handeln. Jene bezeichneten Silben von Bst. dagegen sind dehnbar (s. auch o. § 35): von dieser Möglichkeit wird beim alltäglichen Sprechen zu den mannigfachsten Nachdruckszwecken ausgiebiger Gebrauch gemacht. In einem mundartl. Verse ferner wie

Jǫkǝli̥ | kāss çu | ritǀtǝ
('Jakobchen, kannst du auch reiten?')

füllt das kurze *i* + die gedehnte Pause des *t*-Verschlusses (ich schrieb der Trennung halber *tt* für *t*, was aber nicht auf stärker geminierte Artikulation deuten soll!) den ganzen dritten Verstakt aus, ohne dass dadurch etwa die Silbe künstlich entstellt wäre. Eine solche metrische Behandlung wäre einem schweiz. *rēdǝ*, *glēsli*, *hīmǝl* etc. gegenüber naturwidrig.[1]

(Die paar Fälle von wirklicher, undehnbarer Kürze in Bst. s. o. § 40 Ende.)

§ 54. Ich fasse die wesentlichsten Punkte des Kap. zusammen:

1. Alte silbenauslautende Vokalkürze ist gedehnt worden. Vor jeder Fortis, auch altem einfachem *t*, ist die Dehnung unterblieben.

2. Vor secundär geschärftem Verschlusslaut ist Vocalkürze bewahrt resp. hergestellt worden.

3. Alte einfache oder diphthongische Länge erscheint in einigen Fällen gekürzt, wahrscheinlich unter dem Einfluss schwächern Satzaccentes.

---

[1] Winteler schreibt mir darüber: 'die Ausfüllung eines Taktes durch eine kurze Silbe, ohne Hinzutritt einer Pause (wie am Verschlusse) halte ich auf dem Boden der Mundart für unmöglich, obwohl ja in dieser Hinsicht die Ma., weil nur nach nhd. Vorbildern gepflegt, in grosser Verwilderung begriffen ist'.

4. Vor *r*-Verbindungen ist stets Dehnung eingetreten und erhalten.

5. Vor den Fortes ausser χ ist altes $\bar{\imath}$, $\bar{u}$, *iu* gekürzt worden; *uo* wird vor *ts* zu *u*.

6. Jede starktonige Silbe ist lang und dehnbar. Entweder ist der Sonant oder der darauf folgende Consonant Träger der Silbenlänge.